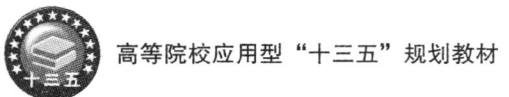

管理学基础与实务

柏海燕　武海霞／主　编
朱　敏　孙竹林　滕延秀　许万润／副主编
侯君邦　陈　东／审　定

图书在版编目(CIP)数据

管理学基础与实务 / 柏海燕，武海霞主编. —上海：立信会计出版社，2020.6（2022.6重印）
ISBN 978-7-5429-6519-6

Ⅰ.①管… Ⅱ.①柏… ②武… Ⅲ.①管理学 Ⅳ.①C93

中国版本图书馆CIP数据核字(2020)第094739号

策划编辑　郭　光
责任编辑　郭　光
封面设计　南房间

管理学基础与实务
GUANLIXUE JICHU YU SHIWU

出版发行	立信会计出版社		
地　　址	上海市中山西路2230号	邮政编码	200235
电　　话	(021)64411389	传　真	(021)64411325
网　　址	www.lixinaph.com	电子邮箱	lixinaph2019@126.com
网上书店	http://lixinjd.com		http://lxkjcbs.tmall.com
经　　销	各地新华书店		
印　　刷	上海天地海设计印刷有限公司		
开　　本	787毫米×1092毫米　1/16		
印　　张	11		
字　　数	248千字		
版　　次	2020年6月第1版		
印　　次	2022年6月第3次		
印　　数	4 601—7 700		
书　　号	ISBN 978-7-5429-6519-6/C		
定　　价	39.00元		

如有印订差错，请与本社联系调换

前　言

随着经济技术的快速发展,管理的变革与创新势在必行,管理学愈加受到了人们的重视。鉴于此,高等院校对创新型管理人才的培养不仅要注重系统传授管理学的基本原理和方法,更要适应当前经济社会发展和高等院校教育改革的要求。《管理学基础与实务》顺应高等院校财经商贸大类各专业需求,搜集整理了大量企业案例,对国内外相关研究成果进行了系统梳理和分析,对以案例为导向、任务驱动、基于工学结合的课程改革和设计理念进行了创新。

本书根据高等院校学生特点及教学要求,努力在内容和形式上有所突破和创新,具有以下三个特点。

1. 选取具有代表性的案例

本书在设计和编排时,选取具有代表性的案例,并进行加工、整理和改编,保证案例新、数据新和内容新,尽可能做到案例理论讨论与实际应用紧密相连。本书打破一个项目、一个案例的传统做法,做到每一个任务都由一个案例引入,项目测试再补充一个或两个案例,让学生能够在学习理论知识的同时,结合案例对管理问题进行细致地理解和分析,强化学生应用能力、实践能力和创新能力,激发学生的学习兴趣。

2. 以应用型院校学生为目标受众

本书的宗旨是让学生觉得原来学习管理学也是一种乐趣。传统管理学教材较多偏重理论,不符合高职学生的学情特点。本书强调管理学原理的分析和应用,避免了枯燥、晦涩难懂的理论推导,书中引入生活案例、政策分析等内容,提高了可读性,更适合学生使用。

3. 融入课程思政元素

为了更好地用新时代中国特色社会主义思想铸魂育人,进一步落实习近平总书记在学校思想政治理论课程教师座谈会上的重要讲话精神,增强"四个自信",厚植爱国主义情怀,本书将思政元素融合到案例和理论知识讲解中,让学生在学习知识的同时,有效地接收课程思政元素,有利于中国特色管理学的发展与传播。

本书由柏海燕、武海霞老师任主编,朱敏、孙竹林、滕延秀、许万润等老师任副主编。本书由六个项目组成,具体编写分工如下:柏海燕负责项目一的编写,武海霞负责项目二的编写,孙竹林负责项目三的编写,朱敏负责项目四的编写,滕延秀负责项目五的编写,许万润负责项目六的编写。全书由柏海燕总纂定稿,由侯君邦教授、陈东副教授最终审定。

由于编者水平有限,书中不妥之处,敬请广大读者不吝赐教。

编 者

2020 年 12 月

目 录

项目一 认识管理 ·· 1
任务 1 认识管理及管理者 ··· 1
任务 2 分析管理环境 ·· 17
项目测试 ··· 23

项目二 计划 ·· 29
任务 1 编制计划 ·· 29
任务 2 科学决策 ·· 47
项目测试 ··· 63

项目三 组织 ·· 73
任务 1 建立组织 ·· 74
任务 2 人力资源管理 ··· 86
项目测试 ··· 99

项目四 领导 ··· 105
任务 1 认识领导与领导者 ·· 106
任务 2 激励员工 ··· 111
任务 3 沟通 ··· 118
项目测试 ·· 127

项目五 控制 ··· 133
任务 1 认知控制 ··· 133
任务 2 选择控制方法 ··· 138
任务 3 执行控制过程 ··· 143
项目测试 ·· 147

项目六 创新 ··· 151
任务 1 认识创新 ··· 151
任务 2 实施创新 ··· 157
项目测试 ·· 165

项目一　认 识 管 理

知识目标

1. 理解并掌握管理的基本原理
2. 理解并掌握管理者技能与扮演的角色
3. 熟悉管理思想与管理理论的演进
4. 了解管理环境的概念及其分析方法

能力目标

1. 认知并有意识培养自己的管理素质
2. 能运用管理机制分析与解决实际管理问题

知识导航

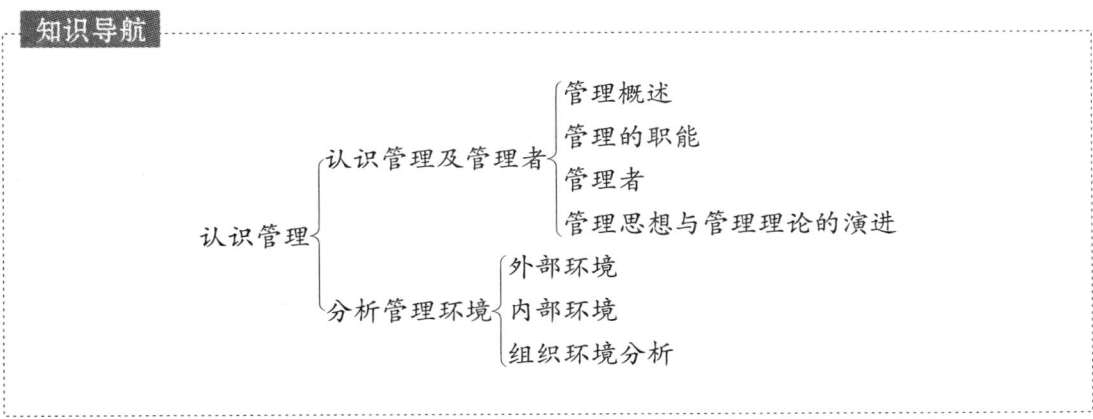

任务1　认识管理及管理者

引入案例

1984年,张大明(化名)临危受命接任当时已经资不抵债、濒临倒闭的西山电冰箱总厂厂长职务。张大明上任不久,就发现厂里生产的冰箱不合格率比较高,张大明下决心要解决这个问题。1985年,张大明带头砸毁了76台质量不合格的电冰箱。当这76台冰箱在生产者的锤子下变成一堆废铁时,张大明流泪了,职工们也流泪了。张大明又宣布,包括他在内的所有管理人员全部受罚。从此,全厂职工悟出了一个既简单又深刻的道理:质量是企业的生命,生产劣质产品等于砸自己的饭碗。此后西山电冰箱总厂在钻研技术、提高质量的道路上不断前行。1988年12月,西山电冰箱总厂获得了中国电冰箱史上第一枚质量评比金牌。1989年4月28日,在对西山电冰箱总厂改组的基础上,以定向募集资金方式设立西山股份有限公司(以下简称西山公司)。在接下来的30多年里,西山公司不断获得大小荣誉。在张大明的带领下,西山公司在创新发展的道路上,一路前行。

张大明始终以创新的企业家精神和顺应时代潮流的超前战略决策引航西山公司,引领西山公司前进。1999年,张大明出任西山公司董事局主席,走出国门,在美国南卡州建立生产基地。2008年,张大明带领西山公司率先推行零库存下的即需即供战略,砸掉仓库,使西山公司在当时的金融危机中未受到较大影响。2009年,张大明应邀参加"第18届中外管理官产学恳谈会",与日本京瓷公司创始人稻盛和夫探讨企业永续经营管理真谛。2010年,张大明在美国与世界顶级的管理大师迈克尔·波特、加里·哈默交流"人单合一"模式以及自主经营体创新。2011年,张大明作为改革开放见证和亲历者的代表,接受中央大型文献电视片《旗帜》的采访拍摄。2011年,张大明运作西山公司并购日本三洋白色家电项目。2016年11月24日,在"2016国是论坛"上,张大明做了题目为《互联网时代西山的转型探索与实践》的主旨演讲,重点阐述了西山公司在互联网时代,由大型企业向互联网企业转型的实践及体会。2018年12月18日,党中央、国务院授予张大明同志改革先锋称号,颁授改革先锋奖章,并获评"注重企业管理创新的优秀企业家"。2019年10月19日,在2019年福布斯中国领导力论坛上,张大明荣获了"2019福布斯中国终身成就奖",并成为新一期《福布斯》中文版的封面人物。

张大明认为,没有成功的企业,只有时代的企业,成功只不过是踏准了时代的节拍。物联网时代,西山公司在"人单合一"模式下,打造共创共赢的生态圈,创立物联网生态品牌。

案例思考:

1. 结合案例,对管理的职能进行阐述。

2. 根据明茨·伯格的管理者角色理论,说明在案例所提及的事项中张大明分别扮演了哪些管理者角色。

3. 你认为哪种管理技能对张大明最为重要?说明理由。

4. 结合工匠精神谈一谈你对张大明砸冰箱事件的理解。

一、管理概述

(一)管理的概念

管理有着和人类历史一样悠久的发展历程。人类最初的管理活动,源自人们集体有组织的活动。纵观国内外历史,无论是原始社会人类自觉地组成群体,共同采集野果、抵御野兽侵袭,还是农耕经济初期,人们进一步认识到共同劳动能够提高生产效率,于是抱着共同的目的组成群体;无论是中国长城、秦兵马俑、都江堰,还是埃及的金字塔,都要有统一的组织管理。管理工作是在其一特定组织中产生,并为该特定组织服务。

管理是实现组织使命和目标的手段，任何组织都需要管理，小至企业大至国家，伴随着组织规模的扩大和作业活动的复杂化，管理活动的重要性愈加凸显。管理的目标是充分发挥和利用每个人的优势和知识。管理是帮助组织产生成效的特殊工具、特殊功能、特殊手段。管理存在的目的是帮助组织取得成效。

管理的主要任务是以有效实现组织目标为核心，合理分配、有效整合组织内外的相关资源。在开放的宏观背景下，任何组织都处于不断变化的环境中，多变的环境日益成为影响组织运行的重要因素。因此，内外协调是管理者的一项重要职责。

综上所述，本书认为管理是指组织中的管理者为了实现组织目标，通过实施计划、组织、领导、控制、创新等职能，合理分配、有效整合组织内外相关资源的动态的创造性活动。

（二）管理的特性

1. 管理工作区别于作业工作

管理是独立于作业活动又为作业活动有效地进行提供服务的活动。管理活动和作业活动并存于一个组织之中，保证组织目标的圆满实现。

管理活动不同于作业活动，并非这两类活动一定要由截然不同的两批人分别去完成。组织中有不少被列为"管理人员"的人有时候也从事作业工作。例如，医院院长也做外科手术、学校校长也进行课堂授课、企业销售经理也参与业务谈判和签订销售合同等。管理者参与作业工作往往有利于促进领导者与下属人员之间的沟通和互相理解。管理者的主要工作是管理而不是作业，管理者如果把过多的精力用于作业活动而不是管理活动，他就不可能成为一个称职的管理者。从本质上讲，管理人员的工作就是通过他人并同他人一起实现组织的使命和目标，管理人员更多的是组织、指导作业人员工作，并对作业人员的工作结果负责。

2. 管理工作是科学性与艺术性的统一

管理是一门科学，具有科学性。管理的科学性是指管理以反映客观规律的管理理论和方法为指导，有一套分析问题、解决问题的科学方法论。成功的管理是遵循客观规律办事的结果。管理者如果系统地掌握了管理的知识、方法及其运行规律，就可能对解决管理中存在的问题提出正确的思路，采取有效措施，取得令人满意的管理效果；反之，仅凭经验办事，或者仅凭主观、靠运气，不但不能很好地解决管理问题，还可能因决策失误给组织造成严重损失。管理学还不是一门精确的科学，要求管理者理论结合实际，具体情况具体分析，以求解决问题，实现组织的目标。

管理也是一门艺术，具有艺术性。管理的艺术性是指管理者以管理的基本理论和基本方法为指导，根据自身所处的组织内外环境，充分发挥积极性、主动性和创造性，因地制宜地将抽象的管理理论与具体的管理实践紧密结合起来，采用适当的方法灵活地、创造性地解决管理中的问题。

国内外实践经验证明，管理的科学性与艺术性是统一、互补的，不是相互对立、排斥的。管理工作是科学性与艺术性的有机统一。

二、管理的职能

管理的职能是指管理系统所具有的职责与功能,是管理工作所包括的几类基本活动的内容。近年来,学术界已基本达成共识,认为计划、组织、领导、控制、创新是管理的基本职能,下面分别对这几种职能进行简要介绍。

(一) 计划职能

计划是根据组织内外部实际情况,通过科学、准确的预测,提出在未来一定时期内的目标及实现目标的方法。计划职能是对未来活动进行的一种预先的谋划,包括研究活动条件、决策和编制计划。计划职能是管理的首要职能,任何组织的管理活动都是从计划出发的,这样才能做到有的放矢。当代计划职能更关注系统分析和评估全球环境,以适应全球战略管理在组织中有限地位的确定及其提升的客观要求。

(二) 组织职能

管理学中的组织有名词和动词两层含义:作为名词的组织是指通过对人员、职位、物质条件等要素确定相互关系,使之协作、有效沟通并达成共同目标的社会实体。作为动词的组织是指组织职能,指按计划对企业的活动及生产要素进行的分派和组合,包括设计组织结构、人员配备和运行组织。当代组织职能更注重适应全球环境的变化建立组织结构,授权给组织成员,领导组织变革,加强多元化的组织文化建设。

(三) 领导职能

管理学中的领导也有名词和动词两层含义:作为名词的领导指的是人,即领导者。作为动词,领导是指领导职能,领导职能是领导者利用组织所赋予的权力去指挥、影响和激励组织成员,为实现组织目标而努力工作的过程,包括指挥、协调和激励。为了有效地实施计划,管理者不仅要设计出合理的组织结构并为组织配备合适的人员,同时还要设法使组织中的成员以高昂的士气、饱满的热情投身到组织活动中去,这便是领导的任务。当代领导职能更注重激励创新、解决冲突和跨文化沟通。

(四) 控制职能

控制是监督组织各方面的活动,保证组织实际运行状况与组织计划要求保持动态适应的一项管理职能。控制职能是保证组织各部门、各环节能按预定要求运作而实现组织目标的一项管理活动,包括拟定标准、寻找偏差和下达纠偏指令。当代控制职能,更注重非成本因素控制以及控制手段的道德分析与评估,鼓励组织成员进行自我约束和自我控制。

(五) 创新职能

创新是运用知识或相关信息创造和引进某种有用的新方法和新事物的过程。创新职能是指组织把新的管理要素,如管理方法、管理手段、管理模式等引入管理中,以更有效地实现组织目标的活动。从某种意义上说,计划、组织、领导、控制属于管理的"维持职能",但是管理存在于动态的环境中。仅仅维持显然是不够的,还必须不断地创新,这就是近年来出现的管理的创新职能。

计划、组织、领导、控制四项管理职能相互促进、相互制约,创新职能贯穿于管理的全过程,共同构成一个有机整体,其中任何一项职能出现问题,都会影响其他职能的执行乃至整个组织目标的实现。图1-1展示了管理过程中管理职能的作用及其相互关系。

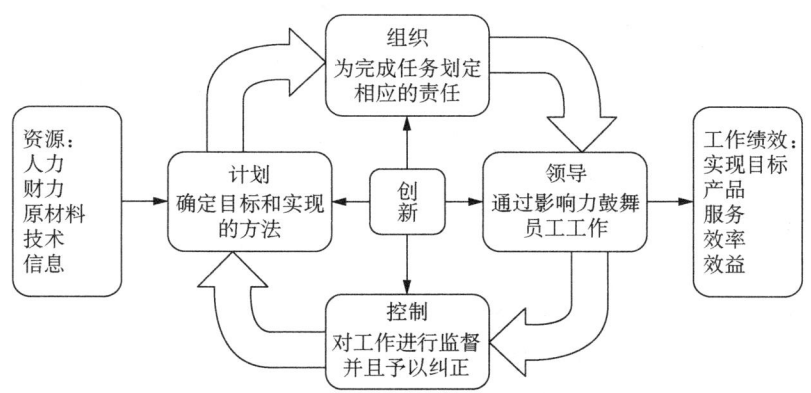

图1-1 管理过程中管理职能的作用及其相互关系

三、管理者

(一)管理者的概念及分类

1. 管理者的概念

管理者是指在组织中执行计划、组织、领导、控制、创新等职能,肩负协调、监督组织成员,合理分配、有效整合组织内外资源,促进组织目标实现的责任和使命的人。一般来说,可以做如下几种理解:

第一种理解认为,管理者是管理行为过程的主体,管理对象包括人、财、物、时间、信息、技术,是管理行为的客体。

第二种理解认为,管理者通过别人来完成工作,即通过做出决策、分配资源、指导别人等实现工作目标。

第三种理解认为,管理者通过协调其他人的活动,达到与别人一起或者通过别人实现组织目标的目的。

第四种理解认为,管理者充分运用他人的聪明才智和有限的资源为整个组织服务,从而实现组织的目标。

第五种理解认为,管理者是运用职位、权力对别人进行统驭和指挥的人。这种概念强调的是组织中正式的职位和职权,强调必须拥有下属。

管理者要履行管理职能,对实现组织目标负有贡献责任和影响力。管理者对管理活动的顺利进行及组织目标的实现起着十分重要的作用。

2. 管理者的分类

在一个组织的管理体系中,担任不同管理职务的管理者拥有不同的管理责任,按照管理层次不同,可以将管理者划分为高层管理者、中层管理者和基层管理者。

1) 高层管理者

高层管理者是指组织中的最高领导层的组成人员。高层管理者对外代表组织,对内拥有最高职位与职权,并对组织的总体目标负责。其主要职责是统领全局,确定组织发展目标与实现组织目标的战略,以及影响组织现状及其未来的重大决策。高层管理人员所考虑的管理问题和所从事的管理活动,都与组织的总体发展和长远发展密切相关。他们以决策为主要职能,故又称为决策层。公司中的董事长、首席执行官、总裁和副总裁等,都属于高层管理者。

2) 中层管理者

中层管理者是指一个组织中中层机构的负责人员。中层管理者是高层管理者做出决策后的执行者,负责制订具体的计划,行使高层授予的指挥权,并向高层报告工作,也称为执行层。他们在高层管理人员和基层管理人员之间起上情下达和下情上达的作用。公司中的项目经理、地区经理、分公司经理等,都属于中层管理者。

3) 基层管理者

基层管理者是指生产经营一线的管理人员,也称一线管理者。基层管理者负责组织决策在基层的落实、制订作业计划以及现场指挥与现场监督。基层管理者处于组织行政管理体系的最低层,居于中层管理者之下作业人员之上。其主要职责是管理作业人员及其工作,对员工提供技术支持和激励。由于一线管理者直接对产品的生产和服务负责,因此,他们更关注运用规章制度实现生产和服务的高效率。公司中的职能部门负责人、制造型企业的工段长等,都属于基层管理者。

无论组织的性质、规模是怎样的,所有管理者要执行的管理职能是基本相同的,即构建并维持一种体系,使在这一体系中共同工作的人们能够用尽可能少的资源消耗完成既定的工作任务。在资源消耗一定的情况下,创造出更多的产品或服务。无论管理者处于管理体系的哪个层级,无论其担任何种管理职务、掌握多大的管理权力、承担怎样的管理责任,都必须在管理上力求有效。

(二)管理者的角色

管理者角色是指在组织中管理者所扮演的社会角色。20世纪60年代末,加拿大管理学家、经理角色学派的主要代表人物明茨·伯格提出管理者扮演着10种不同但高度相关的角色,这10种角色又可进一步归纳为人际角色、信息角色和决策角色三大类。

1. 人际角色

人际角色产生于管理者的正式权力基础,管理者在处理与组织成员和其他利益相关者的关系时就在扮演人际角色。在组织中,一旦管理者拥有了组织所赋予的权力,处于一定的管理层级,他就需要处理与组织内部成员和其他利益相关者的关系,扮演人际角色。人际角色主要包括:①在正式场合,以企业领导人的身份履行礼仪性和象征性义务时扮演的挂名首脑角色,也称为代表人,如签署合同或协议等文件、接待外部来访者等;②为促进员工努力工作、确保组织目标实现而对其进行教育、培训、激励或惩罚时扮演的领导者角色;③与员工一起工作时,或在企业内部各部门之间以及与外部利益相关者建立良好关系时扮演的联络官角色,如发感谢信、从事外部委员会工作、从事其他外部人员参加的活动。

2. 信息角色

在扮演信息角色时,管理者负责和其一起工作的人员具有足够的信息,从而保证顺利完成工作。在快速发展的信息社会,准确、快捷、全面的信息传递对提高组织绩效至关重要,在此期间,组织中的管理者扮演着不可或缺的信息角色。信息角色主要包括:①为了解市场变化、竞争者动态以及员工工作状况等而有意识地从组织内部或外部接收和收集信息时扮演的监听者角色(也称监督者角色),如阅读期刊和报告、与有关人员保持私人接触;②将自己掌握的重要信息传递给组织成员时扮演的传播者角色,如举行信息交流会、用打电话或发邮件等方式传达信息;③代表组织向外界发布相关信息或表明态度时扮演的发言人角色,如举行董事会议和向媒体发布信息。

3. 决策角色

在扮演决策角色时,管理者处理信息并得出结论。如果信息不用于组织的决策,这种信息就失去了其应有的价值。决策角色主要包括:①密切关注组织内外环境的变化及其发展趋势,随时准备发现有利机会并利用机会进行投资时扮演的企业家角色,如开发新项目、制定新战略、检查决议执行;②采取措施全力应对出乎意料的突发事件时扮演的混乱驾驭者角色,如制定战略、寻找陷入危机的原因;③对组织所掌握的人力、物力、财力、技术、信息等资源进行合理配置、有效整合时扮演的资源分配者角色,如从事涉及预算的各种活动和安排下级的工作及授权;④为确保本组织的利益,与其他团体讨价还价、商定交易条件时扮演的谈判者角色,如参与合同谈判。

明茨·伯格对管理者角色的描述如表1-1所示。

表1-1　　　　　　　　　　明茨·伯格对管理者角色的描述

角色		描述	特征活动
人际角色	挂名首脑	履行法律性、社会性的例行义务	签署合同、协议等文件,接待外部来访者等
	领导者	动员、指挥和激励组织成员,人力资源配置和培训、沟通、解决冲突	有下级参与的活动
	联络官	出席有外部人员参加的重要仪式或活动,保持并扩大组织与外界的联系等	发感谢信,从事外部委员会工作,从事其他外部人员参加的活动
信息角色	监听者	通过媒体、报告、私人谈话等形式,了解和掌握组织内部和外部信息	阅读期刊和报告,与有关人员保持接触
	传播者	选择适当的渠道,向组织内部相关人员发布自己所掌握的有关信息	举行信息交流会,用打电话、发邮件等方式传达信息
	发言人	作为组织的代表,向外部公开发布本组织的有关计划、政策、行动或结果等	举行董事会议,向媒体发布信息

(续表)

角色		描述	特征活动
决策角色	企业家	在动态的复杂环境中,积极寻找新机会,发起变革,监督某些方案的策划	开发新项目,制定新战略,检查决议执行
	混乱驾驭者	当组织面临危机或发生混乱时,积极面对,果断采取应对措施	制定战略,寻找陷入危机的原因
	资源分配者	对组织内外资源进行预算、合理分配和有效整合	从事涉及预算的各种活动和安排下级的工作及授权
	谈判者	代表组织与外界有关各方进行谈判	参与合同谈判

(三) 管理者的技能

管理者能否有效执行管理职能,取得预期管理成效,在很大程度上取决于他是否真正掌握了管理的基本技能。管理者需要具备的素质或管理技能主要有以下几个方面。

1. 概念技能

概念技能是指人们对事物洞察、分析、判断、抽象思考和概念化的能力,是管理者尤其是高层管理者必备的一种技能。概念技能的核心是观察能力和思维能力。这种能力对于组织的战略决策和发展具有重要的意义,是组织高层管理者重要的一种技能。管理者所处的层次越靠近顶端,其工作的抽象程度越高。抽象思考取决于天赋、智商和经验。把握组织全局的高层管理者很好地掌握了这种技能,才能准确分析和判断组织面临的环境;才能从复杂的动态变化中快速判别各种因素之间的相互关系及其相互影响;才能抓住问题的实质与关键,及时做出正确决策,使组织获得发展或避免损失。如果管理者不能适应抽象的思维、抽象的概括和抽象的决策,那他则较难适应高层管理的位置。

2. 人际关系技能

人际关系技能是指管理者处理人际关系的能力。此项技能包括理解人、激励人以及与他人沟通、和谐共事的能力。实践证明,人际关系技能是管理者必须具备的技能中重要的一种技能,这种技能对各层次的管理人员都具有重要的意义。管理者的人际关系技能越强,越容易得到人们的信任与支持,其管理越可能富有成效。

3. 专业技术技能

专业技术技能是指管理人员掌握与运用某专业领域内的知识、技术和方法的能力。技术技能包括专业知识、经验、技术、技巧、程序、方法、操作与工具运用熟练程度等,这些是管理人员对相应专业领域进行有效管理所必备的技能。专业技术技能主要是涉及"物"(过程或有形的物体)的工作。例如,工厂的车间主任就必须懂得有关操作机器设备方面的知识和各种操作技术,而且还要给下属人员做示范并教会他们,在组织车间工人的生产和各种活动中,还要有正确的工作方法。由于基层管理者的主要工作是对组织成员进行具体的业务指导,提供技术帮助,其大部分时间都用于训练员工或回答员工提出的与具体工作相关的问题,所以,专业技术技能对基层管理者比对中高层管理者具有更重要的意义。因此,在实践中,越是拥有卓越专业技术技能的员工,越容易被晋升为基层管理者。

上述三种管理技能对任何管理者来说都是应当具备的,其重要性会因为管理者所处层级不同而有所差异。

不同层次管理者对三项基本技能的侧重情况如图 1-2 所示。

基层管理者	中层管理者	高层管理者	
△	▲	★	概念技能
▲	▲	▲	人际关系技能
★	▲	△	专业技术技能

注:重要程度由强到弱依次为:★▲△

图 1-2　不同层次管理者对三项基本技能的侧重情况

图 1-2 仅表示不同层级管理人员技能的大致情况,不同企业或者同一企业的不同时期也会有所差异。

四、管理思想与管理理论的演进

管理活动几乎与人类文明同时诞生。管理理论源于管理实践,管理的知识与理论体系是在人类长期的社会实践中逐渐构建起来的。管理思想是在管理实践基础上逐渐形成发展起来的,经历了从思想萌芽、思想形成到不断系统与深化的发展过程。

(一) 西方管理思想

1. 西方传统管理思想

在 18 世纪 60 年代到 19 世纪 40 年代的第一次工业革命期间,是资本主义的机器化大工业代替以手工技术为基础的工场手工业的一场重大变革。这次变革促使了人们对管理的普遍关注,促进了管理思想的发展和管理理论的萌芽。

1) 亚当·斯密的管理思想

亚当·斯密是英国古典政治经济学家,在他撰写的《国富论》中有不少关于管理方面的论述。在亚当·斯密的论述中,对管理理论的研究有较大影响的是他的劳动分工理论和"经济人"观点。斯密认为,劳动分工是导致劳动生产率提高的重要因素,分工可以使劳动者提高熟练程度;可以减少劳动者的劳动转换,从而节约时间;可以使劳动简化,从而可以把劳动者的注意力集中在特定的对象上,有利于发展更为简便的工作方法,进而促进工具的改革和新机器的发明。斯密认为,所有的经济现象都是由具有利己主义的"经济人"的活动所产生的。理性的"经济人"在经济活动中追求的完全是个人利益,但是每个人的私人利益又受到他人利益的限制。只有当他意识到给别人做事有利于自己的时候,他才肯去帮助别人。这种利益上的相互依存和相互制约关系,迫使每个人在追求个人利益时必须顾及其他人的利益,因此产生了相互的共同利益,进而产生了社会利益。

2) 查尔斯·巴比奇的管理思想

查尔斯·巴比奇是英国剑桥大学教授,是一位数学家和机械学家,也是一位富有现代气

息的管理先驱,他对管理的主要贡献在于以下两个方面:

(1) 对分工的作用做出更加全面的解释。巴比奇于1832年出版了《机器与制造业经济学》一书。书中对专业化分工、机器与工具使用、时间研究、批量生产、均衡生产、成本记录等问题做了充分的论述。巴比奇进一步肯定了劳动分工对提高劳动生产率的意义,并做出了比亚当·斯密更为全面、细致的解释。他认为,劳动分工能够使生产率提高的原因在于:①节省了学习所需的时间;②节省了学习期间所消耗的材料;③节省了不同工序转换所需要的时间;经常从事某一项工作,相关肌肉能够得到锻炼而不易于疲劳;④重复同一操作,技术熟练后的工作速度较快;⑤注意力集中于单一作业,便于改进工具和机器。

(2) 设计了工资加利润的分享制度。巴比奇十分强调生产中人的作用,主张实行激励性建议制度,即对有益的建议按其对提高生产效率的贡献给予奖励,以鼓励工人提出改进生产的建议。巴比奇设计了一种工资加利润分享的制度。根据这种制度,工人除按照工作性质获得固定工资外,还应按照生产效率及其所做的贡献分得工厂利润的一部分。

3) 罗伯特·欧文的管理思想

罗伯特·欧文是英国工业家、改革家和空想社会主义的代表人物。他最早注意到企业内部人力资源的重要性,提出在工厂管理中要重视人的因素,主张工厂应该致力于对人力资源的开发和投资,从而开辟了人际关系和行为管理理论的先河,因此被称为"现代人事管理之父"。欧文提出重视人的因素和尊重人的地位,可以使工厂获得更多利润;投入改善工人待遇和劳动条件上的资金,会使工厂得到更高的补偿。

2. 西方古典管理理论

西方对管理理论比较系统地加以阐述,始于19世纪末20世纪初。在这一时期产生的管理理论被称为古典管理理论。其中具有代表性的是科学管理理论、组织管理理论和行政组织体系理论。

1) 科学管理理论

科学管理理论的代表人物是美国的弗雷德里克·温斯洛·泰勒。

泰勒被称为"科学管理之父",出生于美国费城一个富裕的律师家庭。特殊的家庭背景使他年幼时爱好科学研究和实验,对任何事情都想找出"一种最好的办法"。中学毕业后考入哈佛大学法律系。但由于学习过于勤奋,得了眼疾,不得不辍学,泰勒放弃了子承父业的理想。

1875—1878年,泰勒在费城的一个小水压工厂做学徒工。1878年进入米德维尔钢铁厂。在此期间,泰勒从一名工人开始,先后被升任为车间管理员、技师、小组长、工长、维修工长、制图部主任,并于1884年被提升为总工程师。在米德维尔钢铁厂的工作实践中,泰勒感到当时的企业管理者不懂得用科学方法来进行管理,工人缺少训练,没有正确的操作方法和适用的工具,这些都大大影响了劳动生产率的提高。1890年泰勒转到一家木材制造公司担任总经理,1893年泰勒以管理顾问的身份进入伯利恒钢铁公司。泰勒受雇于伯利恒钢铁公司期间进行了著名的"搬运生铁块实验"和"铁锹实验"。

搬运生铁块实验是在伯利恒钢铁公司的五座高炉产品搬运组的75名工人中进行的。这些工人负责把92磅重的生铁块搬运到30米外的铁路货车上,他们每天平均搬运12.5

吨,日工资为1.15美元。泰勒找了一名工人进行搬运的姿势、行走的速度、握持的位置对搬运量的影响以及多长的休息时间等一系列实验。经过实验,确定了搬运生铁的最佳办法和用于休息的合理时间。由于改变了操作方法,训练了工人,从而使每个工人的日搬运量提高了3倍多,达到47~48吨,同时也使工人的日工资提高到1.85美元。

铁锹实验也是在伯利恒钢铁公司进行的。当时公司的铲运工人是自己带各式各样的铁锹上班,由于物料的比重不同,一铁锹的重量也不一样。一铁锹到底负载多重才合适呢?经过实验得出结论,21磅对工人的工作效率提升最高。根据实验结果,泰勒针对不同的物料设计了不同形状和规格的铁锹,并规定工人只能根据物料情况从公司领取特定的标准铁锹。这一实验使工人的工作效率大大提高,平均每人每天的工作量从16吨提高到59吨,同时日工资也从1.15美元提高到了1.88美元。

泰勒系统地研究和分析工人的操作方法和劳动所花的时间,在此基础上形成了科学管理理论的基础,泰勒的代表作是《科学管理原理》,其主要内容如下:

(1) 工作定额。泰勒为了制定有科学依据的工作定额,"搬运生铁块实验"和"铁锹实验"进行了动作研究与时间研究,剔除了各种不合理的因素,采用标准操作方法和标准劳动工具,形成标准作业环境,确定工人"合理的日工作量"。

(2) 挑选和培训工人,使其掌握标准工作方法。工厂对挑选出来的工人进行专门培训,使他们按照标准的工作方法进行操作,以提高生产劳动的效率。泰勒认为,健全的人事管理的基本原则是使工人的能力同工作相配合,管理当局的责任在于为工人找到最合适的工作,培训他成为一流的工人,激励工人尽最大的努力来工作。

(3) 实行差别工资制。工厂根据工人完成劳动定额情况,采取"差别计件工资制度",即根据工人是否完成定额而发放不同的工资。完成定额的工人就按较高的工资率支付报酬,未完成定额的工人则按较低的工资率支付报酬。这种方法极大地激发了工人的积极性,提高了劳动效率,在"馅饼"做大的同时有效地缓解了劳资双方的矛盾。

(4) 实行职能工长制。泰勒明确提出把管理工作从操作工作中分离出来,设立专门的管理部门及管理人员,对管理工作进行职能细分。

(5) 实行例外管理。泰勒强调高层管理者把日常事务性问题的处理权下放,从日常琐事中摆脱出来,集中精力解决例外事项和重大事项。

科学管理理论对各国工商界产生了极大的影响,并开创了管理学界的新纪元。但科学管理理论也存在一定的局限,如把工人看成是单纯追求金钱的"经济人",仅重视人的社会因素,理论深度不足等。

2) 组织管理理论

当泰勒及其追随者正在美国研究和提倡生产作业现场的科学管理原理和方法时,在大西洋彼岸的法国诞生了关于整个组织的科学管理理论,该理论被称为"组织管理理论"或者"一般管理理论"。该理论站在高层管理者角度研究整个组织的管理问题,其创始人是亨利·法约尔。法约尔将工业企业中的各种活动划分成技术活动、商业活动、财务活动、安全活动、会计活动和管理活动六类。管理活动是企业运营中的一项主要活动,要遵循14条原则:

(1) 劳动分工。分工不局限于技术工作,也适用于管理职能专业化和权限的划分。

(2) 权责对等。管理者必须拥有命令下级的权力,但这种权力又必须与责任匹配,不能责大于权或权大于责。

(3) 纪律严明。员工必须服从和尊重组织规定。领导者以身作则,使管理者和员工都对组织规章有明确的理解并实行公平奖惩,纪律建立在尊重而不是畏惧的基础上,纪律好坏关系到企业的成败。

(4) 统一指挥。一个员工不管采取什么行动,只应接受一个上级的命令并向他汇报工作。

(5) 统一领导。同一目标的许多工作只能有一个领导和一个计划指导。

(6) 个人利益服从集体利益。任何员工个人或员工群体利益都不能够超越组织整体利益。

(7) 报酬合理。报酬必须公平合理。

(8) 集权。根据企业的规模、特点和领导者的能力等具体条件,规定集权和分权的程度,把集权和分权做得恰到好处。

(9) 等级链。从最高层管理到最底层管理形成的职权直线代表了一个等级链,沟通应当按照这种等级链进行传递。为了克服由于统一指导原则而产生的信息沟通方式的延误,法约尔提出了允许横跨权力线进行横向交往的联系板,被称为"法约尔跳板"。

(10) 秩序。组织中的人员和物品要各有其位,各在其位。

(11) 公平。管理者应当友善和公平地对待下属。

(12) 人员稳定。每个人适应和熟悉自己的工作都需要一个过程,在一个组织中,如果人员,尤其是高级员工经常流动,则对工作不利。

(13) 首创性。发明创造是首创精神,建议与发挥主动性也是首创精神。首创精神是创立和推行一项计划的动力,是推进组织发展的巨大动力,必须大力提倡。

(14) 集体精神。在企业内部建立和谐与团结的气氛。

3) 行政组织体系理论

行政组织体系理论的创立者是德国社会学家马克斯·韦伯,该理论是以"理想的行政组织体系理论"为核心的。韦伯认为,理想的行政组织体系具有以下特点:①明确的组织分工;②自上而下的等级体系;③合理任用人员;④建立职业的管理人员制度;⑤建立严格的、不受各种因素影响的规则和纪律;⑥建立理性的行动准则。

西方管理思想起步较早,发展相对成熟,表1-2列示了西方管理思想的主要内容。

表1-2 西方管理思想简表

项目	名称	内容
西方传统管理思想	亚当·斯密的管理思想	劳动分工理论和"经济人"观点
	查尔斯·巴比奇的管理思想	对分工的作用做出更全面的解释,设计了一种工资加利润的分享制度
	罗伯特·欧文的管理思想	提出重视人的因素和尊重人的地位

(续表)

项目	名称	内容
西方古典管理理论	泰勒的科学管理理论	工作定额,挑选和培训工人,使其掌握标准工作方法,实行差别工资制,实行职能工长制,实行例外管理
	法约尔的组织管理理论	将工业企业中的各种活动划分成6类:技术活动、商业活动、财务活动、安全活动、会计活动和管理活动。管理活动是企业运营中的一项主要活动,遵循14条原则
	韦伯的行政组织体系理论	以"理想的行政组织体系理论"为核心

(二)现代管理理论

20世纪二三十年代开始,尤其是第二次世界大战以后,新的管理理论、思想、方法不断涌现,带来了管理理论的空前繁荣与发展,现代管理理论学派林立,本书仅介绍4种有代表性的学派及其主要观点。

1. 社会系统学派

社会系统学派的创始人是美国管理学家切斯特·巴纳德。巴纳德于1909年进入美国电话电报公司统计部工作,1927—1948年任美国新泽西贝尔电话公司总经理。长期处于最高管理层的经历为巴纳德对组织和管理问题进行系统的研究创造了有利的条件。不仅如此,巴纳德还创造性地把管理与对社会学、系统论的研究有机结合起来,创立了综合性的社会系统学派。1938年巴纳德公开出版《经理的职能》一书,系统地阐述了其管理思想,标志着社会系统理论的正式确立。

巴纳德认为,组织是两个人或者更多人经过有意识的协调而形成的活动或力量系统。在组织中,经理人员是最为重要的因素,其主要职能是:①建立和维护一个信息联系的系统;②招募和选拔能最好地做出贡献的人员,并使之协调有效地工作;③规定组织目标;④授权;⑤决策。经理在系统中的作用是在协作系统中作为相互联系的中心,并对协作进行有效的协调,以使协作系统能够维持运转。

社会系统学派强调协作系统的基本条件和经理人的职能,是为了实现组织的内部平衡,并使这种协作系统适应外部条件,以求得系统的正常运转和顺利发展。

2. 权变管理学派

权变管理学派产生于20世纪70年代的美国,代表人物有弗莱德·菲德勒和琼·伍德沃德。权变管理理论的核心是力图揭示组织系统内部和各子系统之间的相互联系,以及组织和它所处的环境之间的联系,并确定各种变数的关系类型和结构类型。

权变管理理论在继承以前的各种管理思想的基础上,把管理研究的重点转移到对管理行为及其效果有重要影响的环境因素上。该理论认为,环境是自变量,管理观念和技术是因变量,组织所处的环境因素决定着何种管理观念和技术更适合该组织。由于组织和组织成员的行为,特别是组织所处的环境是复杂多变的,不像自然科学实验对象一样是可控和可直接观察测量的,所以没有什么普遍适用的最优的管理理论和方法,管理者要根据组织所处的内外部环境随机应变,针对不同的具体条件寻求最适合自己的管理模式、方案和方法。

3. 决策理论学派

决策理论学派的主要代表人物是美国管理学家和心理学家赫伯特·西蒙。西蒙继承和发展了巴纳德的社会系统理论,吸收了行为科学、系统理论、运筹学、计算机程序等学科内容,对经济组织内的决策程序进行了开创性的研究。西蒙因在决策理论方面的突出贡献获得了1978年诺贝尔经济学奖。其代表作是于1960年先后出版的《组织》和《管理决策新科学》等。

西蒙认为,管理的关键在于决策,决策贯穿于管理的全过程。决策程序就是全部的管理过程。所以,管理就是决策,组织就是由作为决策者的个人所组成的系统。管理必须采用一套制订决策的科学方法,研究科学的决策方法以及合理的决策程序等问题。

4. 经验主义学派

经验主义学派的代表人物是美国管理学家欧内斯特·戴尔和彼得·德鲁克。戴尔的代表作是《伟大的组织者》和《管理:理论和实践》。德鲁克的代表作是《管理的实践》和《卓有成效的管理者》。该学派认为,古典管理理论和行为科学理论都不能完全适应企业发展的实际需要,有关企业管理的知识理论应该从企业管理的实际出发,以大企业的成功管理者的经验为主要研究对象,对其加以概括,找到其中具有共性的东西,将其系统化、理论化,以此为依据为管理人员提供实际的建议。他们主张通过案例研究经验,不必确定一些原则,只要通过案例研究分析一些经理人员的成功经验和他们解决特殊问题的方法,便可以在相似的情况下进行有效的管理,正因如此,经验主义学派又被称为案例学派。

综观现代管理理论各学派,虽各有所长、各有不同,但也有共同点。

(1) 强调系统化。强调系统化是指现代管理学派运用系统思想和系统分析方法来指导管理的实践活动,解决和处理管理的实际问题。系统化要求人们认识到一个组织就是一个系统,同时也是另一个更大系统中的子系统。所以,应用系统分析的方法,是指从整体的角度来认识问题,防止片面性和受局部的影响。

(2) 重视人的因素。管理的主要对象是人。人生活在客观环境中,虽然他们也在一个组织或部门中工作,但是他们在思想、行为等方面,可能与组织不一致。重视人的因素,就是要注意人的社会性,对人的需求予以研究和探索。在一定的环境条件下,尽最大可能满足人的需要,保证组织中全体成员齐心协力地为完成组织目标而自觉地做出贡献。

(3) 重视"非正式组织"的作用。非正式组织是人们以感情为基础而结成的集体。这个集体有约定成俗的信念,人们彼此感情融洽。利用非正式组织,在不违背组织原则的前提下,发挥非正式组织在组织中的积极作用,使其有助于组织目标的实现。

(4) 广泛地运用先进的管理理论与方法。随着社会的发展,科学技术水平的迅速提高,先进的科学技术与方法在管理中的应用越来越重要。各级管理者必须利用现代的科学技术与方法促进管理水平的提高。

(5) 加强信息工作。现代管理理论普遍强调通信设备和控制系统在管理中的作用,对信息的采集、分析、反馈等的要求越来越高,即强调及时性和准确性。管理者必须利用现代技术建立信息系统,以便高效、及时、准确地传递信息和使用信息,从而促进管理的现代化。

(6) 把"效率"和"效果"结合起来。作为一个组织,管理工作不仅仅是追求效率,更重要的是要从整个组织的角度来考虑组织的整体效果以及对社会的贡献。因此,要把效率和效果有机地结合起来,使管理的目的体现在效率和效果之中,即通常所说的绩效。

(7) 重视理论联系实际。现代管理理论认为,要重视管理学在理论上的研究和发展,进行管理实践,把实践归纳总结,找出规律性的事物。管理者要乐于接受新思想、新技术,并用于自己的管理实践,把诸如质量管理、目标管理、价值分析和项目管理等新成果运用于实践,并在实践中创造出新的方法、形成新的理论,促进管理学的发展。

(8) 强调"预见"能力。社会是迅速发展的,客观环境在不断变化,这就要求人们运用科学的方法进行预测,进行前馈控制,从而保证管理活动的顺利进行。

(9) 强调不断创新。管理就是在保证"惯性运行"的状态下,不满足于现状,利用一切可能的机会进行变革,从而使组织更加适应社会条件的变化。

随着社会的发展,管理从固定的组织系统向富有弹性的组织系统发展,这是现代管理发展的又一个重要趋势。现代管理理论是近几十年来正在迅速崛起的一个较新的研究领域。其蓬勃发展主要是受到了社会对更高领导能力需求的推动,而这种推动力又来源于社会环境的迅速变化对组织领导的更高要求。我们正在经历一个社会生活急剧变化的时代:经济体制的转型、全球化进程的加速、知识经济时代的到来以及跨文化的信息交流与价值碰撞,这些都在不断对社会中各种组织的生存与发展提出新的挑战,也对组织的管理者提出了更高的要求。

(三)我国管理学的发展

1. 中国传统管理思想

对中国社会影响深远的思想流派主要有儒家、道家和法家等。儒家思想是中国思想流派中最受各时代统治者推崇的管理思想。儒家思想的核心为"仁义""大同""中庸"。从管理的角度来说,儒家思想重视人的问题,认为人是最根本的资源,管理者与被管理者之间要互敬、互爱和互信。"修身齐家治国平天下"的思想,是指遵循从管理自我到管理家庭,再到管理国家乃至最后构建和谐世界的轨迹。这要求管理者对自身严格要求。管理者要"修己安人",以身作则,提高自己的道德素养和业务技能,为下属树立良好的榜样。

道家思想认为世界万物皆有"道",这个"道"是天定的,是人力无法改变的。所谓"无为而治",是指管理者要顺应事物发展的客观规律,但在具体的实施过程中要积极地进行管理达到"无所不为"的效果。

法家思想的核心就是"崇法重则"。法家思想认为儒家、道家想以人类自我的道德来约束自身的行为是根本行不通的。在管理过程中,管理者应该重视"法"的存在,建立严明的规章制度、条例明文并严格地按章行事,这样才能够营造出一个公平公正的竞争环境。同时如何做到"张弛有度"也是每一名管理者要潜心思考的问题。

总结这三大思想流派中的管理思想的成分可以用顺道、和谐、重人、谋略、法治和有度来概括。

2. 中国近代管理学的发展阶段

根据我国近现代企业的发展历程，大致把我国管理学的发展分为三个阶段：

第一阶段：1949年以前的"管理学萌芽"阶段。在这一阶段，随着国内民族企业的发展，开始引入西方的企业管理思想。例如，民国时期的棉纺大家穆藕初，曾几次拜访过"科学管理之父"泰勒，1916年中华书局出版了由穆藕初翻译的泰勒的著作《科学管理原理》。此外，还有张謇在南通、荣氏兄弟在无锡创建民族企业，卢作孚创办民生公司，侯德榜等人创建纯碱厂等。这些人大都抱有"实业救国"的思想，强调"洋为中用""中学为体，西学为用"。在这一阶段，我国企业管理除了在提升企业效率方面做了大量努力外，在处理劳资双方关系以及企业和社会关系方面都做出了创新。

第二阶段：1949—1978年的"管理学初步形成"阶段。在这一阶段，我国社会主义企业管理学初步形成，并建成了独立的、比较完整的社会主义工业体系和国民经济体系。20世纪50年代，我国企业管理主要以学习借鉴苏联模式为主，在全国范围内全面系统地引进了苏联的企业管理制度和方法，强调集中统一领导，推行苏联的"一长制"模式和"马钢宪法"。在计划管理、技术管理和经济核算制等方面奠定了生产导向型管理的基础。20世纪60年代初开始，为克服照抄照搬苏联管理方法的缺点，针对管理学存在的问题，结合我国国情，开始探索与建立社会主义企业管理模式，"鞍钢宪法"《工业七十条》就是当时具有代表性的成果。借鉴苏联模式，从管理实践出发，创新发展本土模式成为这一阶段管理学发展的重要特征。同时，在这一阶段，企业并不是一个市场主体，属于生产型管理模式。因此，这一阶段中国管理学具有更多"计划经济"的特色，涉及更多的是生产计划管理、班组建设、安全管理等方面的内容。

第三阶段：1979年至今的"融合发展与创新"阶段。1979—1992年，我国企业管理模式开始从生产型转向生产经营型，学习国外管理学知识的重点从苏联转向美国、日本和欧洲发达国家。管理学在学科建设、学术研究和教育培训等方面都有很大发展，我国管理学进入全面"恢复转型"阶段。1933年，袁宝华提出我国企业管理理论发展的16字方针"以我为主，博采众长，融合提炼，自成一家"，为建立有中国特色的管理理论和管理模式指明了方向。1992年前，我国管理方面主要是以引进和学习国外先进经验和方法为主。1992年以后，在社会主义市场经济条件下，中国管理学发展更加强调"两个注重"，即注重对先进理论的引进和注重中国经济体制改革的特殊国情。在管理学研究方面，我国学者开始追踪国外管理学研究前沿，国际管理学权威期刊逐渐为国内学者所熟知。中国管理学研究的规范性得以增强，实证研究方法受到重视，越来越多的管理学研究成果发表在国外顶级学术期刊。我国管理学发展同样离不开管理实践的发展，一些中国企业的优秀管理实践也逐步走进了一流国际商学院的案例库。例如，海尔公司的"休克鱼""人单合一双赢管理模式""自主经营体"等案例。中国企业实践越来越多地吸引了国外学者的关注。这个阶段是管理学学科体系不断完善、研究水平不断提高、研究成果不断创新的阶段。

我国管理学发展虽初有成效,却谈不上成功,在以后的发展道路上,我国的管理学还有很长的路要走。首先,要处理好继承和引进的关系,我国的管理思想传承千年,祖先的智慧中有很多需要继承和发扬,要保持本土化的特色,构造有中国特色的管理学。在重视本土管理文化的同时,还要引进国外的先进理论和经验,把握好本土和非本土的区别,处理好继承和引进的关系。其次,我国管理学在未来发展中要处理好基础理论和现实热点的关系,在关注热点的同时,应重视对基础理论的巩固和研究。最后,在管理学的教育方面,要区分学院型教育和实用型教育,针对不同的阶段和不同的市场培养不同的管理学人才。只有做到以上这些,中国管理学的未来才会更有希望。

任务2 分析管理环境

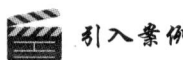
引入案例

特斯拉(Tesla)是一家美国电动车及能源公司,产销电动车、太阳能板及储能设备,总部位于美国加利福尼亚州硅谷的帕洛阿托。2018年7月10日,特斯拉公司和上海市政府签署合作协议。根据协议,特斯拉公司将在临港地区独资建设集研发、制造、销售等功能于一体的特斯拉超级工厂。特斯拉公司为什么选择中国上海建立超级工厂呢?究其原因有以下几点。

1. 政策扶持

2018年4月,中国在博鳌亚洲论坛公布了扩大开放的一系列举措,其中就提到"尽快放宽外资股比限制,特别是汽车行业外资限制"。随后,国家发改委对放开汽车业外资股比给出时间表:2018年取消专用车、新能源汽车外资股比限制,2020年取消商用车外资股比限制,2022年取消乘用车外资股比限制,同时取消合资企业不超过两家的限制。由此可以看出,国家和地方政府还是非常欢迎特斯拉工厂入驻中国。不论是前期临港土地的支持,还是后续生产资质的配套申请,上海市政府都已经不止一次地公开表示会大力支持特斯拉公司,并且还有各种税收优惠政策。另外,上海市政府和特斯拉公司将聚焦技术创新、产业发展等领域深化合作交流。上海市政府将积极支持特斯拉公司在上海设立集研发、制造、销售等功能于一体的特斯拉子公司和电动车研发创新中心,推动创新技术成果转化。

2. 配套的产业链成熟

在上海,合资品牌有上汽大众、上汽通用等,自主品牌有上汽荣威,豪华品牌有沃尔沃、阿尔法罗密欧和玛莎拉蒂等。虽然很多只是销售公司,但也有很多研发中心和制造工厂。同时,长三角周边的汽车产业链的配套相当发达。这对于特斯拉降本增效来说,都是非常有利的外在条件。

3. 人才充裕

上海作为国内一线城市,人才济济,汽车行业也是如此。上海有很多优秀的主机厂品牌,也有很多制造工厂,凭借特斯拉的品牌号召力,再加上优越的薪水待遇,招募优秀的员工是非常方便且容易的事情。

4. 交通便利

上海地理位置优越,是临海城市,海陆空运输都非常便利,为材料及产品运输提供了很大的便利条件。

5. 中国市场前景良好

中国市场的巨大吸引力也是特斯拉入驻上海的原因之一。据媒体统计,2017年特斯拉总营业收入为117.6亿美元,其中美国市场营业收入62.2亿美元,中国市场营业收入20.3亿美元,其他地区为35.1亿美元,中国是特斯拉的第二大市场。另外中国新能源汽车产销已经连续3年位居全球第一,市场的潜力之大足以令特斯拉决策层动心。

入驻中国1年多来,特斯拉通过在全国大举建设50座超级充电站、700座充电桩,与联通等运营商推动汽车信息化合作、打通新能源车免费上牌政策等一系列措施,逐渐得到了来自政策环节的更多支持,也建立起了一张覆盖全国的充电网络。在有了充电网、免费上牌等一系列政策支持后,特斯拉于2020年5月推出人民币30万元以内的中端车型,在普通消费者中进一步扩大市场。

案例思考:

1. 请你分析案例中涉及的特斯拉入驻上海的外部环境。
2. 请你分析案例中涉及的特斯拉入驻上海的内部环境。
3. 你认为引进特斯拉在上海建厂对我国有哪些好处?

组织环境是组织所处的环境,是与组织及组织活动相关的一切物质和条件的统一体。组织环境具有复杂性、系统性和动态性三种特性。根据来源不同,可以将一个组织所处的环境分为外部环境和内部环境。

一、外部环境

组织的外部环境是指处于组织外部但能够对组织绩效产生影响的因素和力量,是组织不可控的影响因素。根据其对组织活动影响程度的不同,可分为一般环境和具体环境。

(一)一般环境

一般环境可以分为经济环境、政治环境、技术环境、社会文化环境、人口、自然环境和国际环境。

1. 经济环境

经济环境是指某一国家或地区乃至世界的经济形势、经济发展水平、经济基础设施水平等。例如,当经济景气时,企业可以获得更多的资源,生意兴旺发达。相反,在恶化的经济环境下,企业获取资源的能力受到限制,因为处于经济低谷,有效需求不足,企业的产品和服务的销售受到严重影响。在开放经营的环境中,全球经济波动、国际市场行情、相关国家经济政策调整等因素都不可避免地影响企业的经营和发展。

2. 政治环境

政治环境是指某一国家或地区乃至全球的法律法规、政治行为、政治形势等。政治环境因素直接与国家的体制、宏观经济政策相联系,不仅规定了整个国家的发展方向、发展速度及欲采取的措施,也直接关系到社会购买力的提高与企业经营战略方向。政治的稳定无疑是组织发展必不可少的前提条件。其中,法律因素会制约和限制组织的管理政策和管理方法。

3. 技术环境

技术环境是指组织所处的环境中,科技要素及与该要素直接相关的各种社会现象的集合,包括国家科技体制、科技政策、科技水平和科技发展趋势等因素。外部环境中变化最迅速的是技术领域。例如,技术的创新使一些产品一夜之间变得过时。又如,信息技术的变化改变了企业内部工作的性质和管理者工作的方式,使企业管理者的监督、协调方式以及企业的生产方式发生了质变。

4. 社会文化环境

社会文化环境主要包括一个国家或地区居民的文化水平、宗教信仰、风俗习惯、审美观点和价值观等。社会文化环境影响管理者和被管理者的行为,对组织的运行和管理起着重要的作用。组织必须使其经营适应社会环境的变迁,其内部政策必须随着社会环境的改变而改变。

5. 人口

人口是消费的基础,人口特征包括年龄、性别、民族、种族、兴趣以及社会阶级、阶层等。人口特征的变化会给管理者提供机会或形成威胁。例如,人口结构老龄化,为那些以老年人为消费对象的企业增加了发展的机会。

6. 自然环境

自然环境是指一个国家或地区的自然资源拥有状况,包括地理位置、气候条件、生态平衡、环境保护、资源状况及其变化等。

7. 国际环境

国际环境是来自国外的各种影响组织的事件或机遇。随着经济全球化趋势的增强以及信息技术的不断创新,任何国家和地区都不再可能完全封闭起来,会越来越多地受到国际环境的影响。

(二)具体环境

具体环境又称微观环境或组织的任务环境,是指与特定组织有着密切联系并产生直接影响的各种力量。它具体包括以下五个方面。

1. 供应商

供应商是为组织提供产品或服务等资源(如原材料、零部件和流动资金)的个人或组织。供应商的品质、数量或类型的变化,既会给组织带来机会,也会给组织造成威胁。供应商强有力的议价的能力,是管理者要面对的一种威胁。

2. 分销商

分销商是指帮助组织销售其产品或服务给消费者的组织。如果分销商相当强大,如零售业巨头沃尔玛、家乐福等,能够控制消费者获得企业新产品或服务渠道,那么分销商就具有很强的议价的能力,能够要求企业降低价格,从而给企业造成威胁。

3. 消费者

消费者是组织提供的产品或服务的购买者。组织的经营活动是以满足顾客需求为中心的。消费者数量、类型的变化,以及消费者的口味、偏好、需求等的变化,都会给组织带来机会或威胁。

4. 竞争者

竞争者是指与其争夺资源、服务对象的人或组织。在市场经济环境中,绝大部分组织都将面临异常激烈的市场竞争。从购买者的角度观察,每个组织在其经营活动中,都面临四种类型的竞争者:①愿望竞争者,又称欲望竞争者,是指满足购买者当前各种不同愿望的竞争者,他们所提供的是各种不同的产品;②一般竞争者,又称类别竞争者、平行竞争者,是指以各种不同产品来满足消费者某种愿望的竞争者;③产品形式竞争者,是指以某种产品的不同款式或型号来满足消费者某种愿望的竞争者;④品牌竞争者,是指以某一产品的不同品牌来满足消费者同种愿望的竞争者。

5. 社会公众

社会公众是指对组织实现其经营目标构成实际或潜在影响的团体,包括那些关心和可能影响组织取得资金能力的金融机构;具有广泛影响的大众媒体;与组织业务经营活动有关的行政主管部门,如财政、税收、工商、物价等政府机构;消费者权益保护组织、环境保护组织、少数民族组织及其他群众组织;组织所在地附近的居民群众、地方官员和社区组织等。这些社会公众,都与组织的经营活动有着直接的关系,组织的市场经营活动不仅要针对目标市场的顾客,而且要考虑社会公众,采取适当的措施,与周围的公众保持互利互惠的良好关系。

二、内部环境

内部环境是指组织内部的各种影响因素的总和,包括物质环境和文化环境。它反映了组织所拥有的客观物质条件和工作状况以及组织的综合能力,是组织系统运转的内部基础。

(一) 物质环境

任何组织的管理活动都需要一定的资源。这些资源的拥有情况和利用情况直接影响甚至决定着组织管理活动的效率和规模,构成了一个组织运行的内部环境。组织活动的内容和特点不同,需要利用的资源类型也有所区别。组织资源包括以下内容。

1. 人力资源

人力资源是组织拥有的、能够参与价值创造过程的一般职员及经营管理者的组合,包括人力资源的数量、素质和使用状况。组织的人力资源根据所从事的工作性质的不同,分为生产工人、技术工人和管理人员三类。管理者应该分析这三类人员的数量、素质和使用状况,及时做出相应的管理决策。

2. 物力资源

物力资源是指组织所拥有的物质资源的数量和质量。管理者要分析在组织活动过程中需要的物质条件的拥有数量和利用程度,及时采取措施提高其利用率。例如,组织要分析拥有多少设备和厂房,目前的技术水平是否与现有的生产设备相适应、组织是否需要进行新的技术改造以及是否需要进一步提高生产率等。

3. 财力资源

财力资源是一种能够获取和改善其他资源状况的资源。可以认为财力资源是反映组织活动条件的一项综合因素。管理者要分析组织资金的数量、构成情况、筹措渠道及利用情况,为组织的战略或战术决策提供依据。

4. 技术资源

技术资源包括设备和各种工艺装备的水平、测试及计量仪器的水平、技术人员和技术工人的水平及其能级结构等。

5. 信息资源

信息资源包括各种情报资料、统计数据、规章制度和计划指令等。信息资源分析主要研究现有信息渠道是否合理、通畅,各种相关信息是否掌握充分;企业组织现状、企业组织及其管理存在的问题及原因等。

(二)文化环境

组织的内部文化环境指的是组织文化。组织文化被称为组织的灵魂、精神动力和价值导向,对组织管理的有效运行起着不可忽视的作用,对组织管理者的价值观念及领导风格会产生重要的影响。因此,分析组织文化的特点及其对组织活动的影响被视为管理成功的基础。

三、组织环境分析

了解和认识环境是环境管理的基础,管理者要把对环境的了解与掌握作为重要的管理职责。通过各种渠道收集有关环境的信息,在掌握组织环境大量信息、对组织环境充分了解的基础上,对各种环境因素进行深入的分析与评估,掌握关于环境的各种因素与变量,把握环境发展变化的趋势与规律。

(一)组织环境定位

管理者必须分析管理环境的不确定性,并通过相应管理活动做出回应,以适应环境或者影响环境。著名组织理论家汤姆森认为,影响不确定性的,是组织中因素的数目和那些因素变化的程度。组织环境的要素数量以及组织所拥有的与这些要素相关的知识广度,决定环境的复杂程度。组织要打交道的竞争者、消费者、供应商以及政府机构越少,或是需要掌握的有关自身环境的知识越少,组织环境中的复杂程度就越小,不确定性也就越少。用环境的变化程度和环境的复杂程度来分析管理环境的不确定性,可分为四种典型的组织环境,如图1-3所示。

状态1代表简单、稳定的"低不确定性"环境,即组织环境中的影响因素较少,而且这些因素变化不大,环境因素容易了解。在这种情形下,组织处于相对稳定的状态,管理者对组织成效的影响力最大,对内采取强有力的措施来进行管理,如容器制造商、软饮料生产企业和啤酒经销商等。

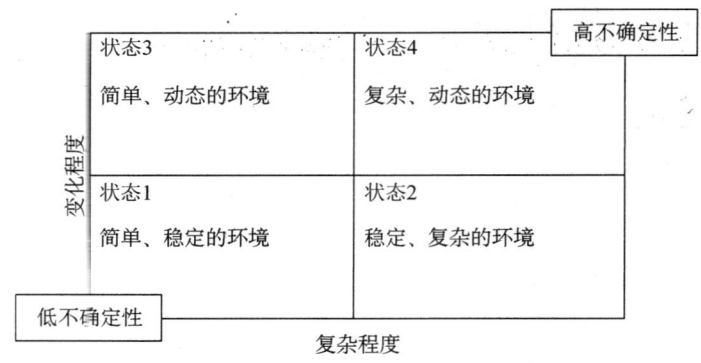

图1-3 典型组织环境

状态2代表稳定、复杂的"较低不确定性"环境,即环境因素基本保持不变,但组织环境中的影响因素多,掌握环境因素较难。处于这种环境中的组织为了适应复杂的环境一般采取分权的形式,如唱片公司、玩具制造商和服装加工企业等。

状态3代表简单、动态的"较高不确定性"环境,即组织环境中的影响因素较少,但这些因素处于不断的变化之中,环境因素比较容易掌握。在这种外部环境中的组织处于相对缓和的不稳定状态。管理者一般采取调整内部组织管理的方法来适应变化中的环境,如医院、大学、保险公司和汽车制造商等。

状态4代表复杂、动态的"高不确定性"环境,即环境影响因素多,且处于不断的变化之中,掌握环境因素困难。在这种情形下,管理者对组织成效的影响力最小,这时需要组织内部各方面进行及时有效的沟通,如电子行业、计算机软件公司和电子仪器制造商等。

(二)五力竞争模型

五力竞争模型是迈克尔·波特于20世纪80年代初提出的用于竞争战略的分析,可以有效地分析客户的竞争环境。五力分别是供应商的讨价还价能力、消费者的讨价还价能力、潜在竞争者的进入能力、替代品的替代能力和行业竞争者现在的竞争能力,如图1-4所示。

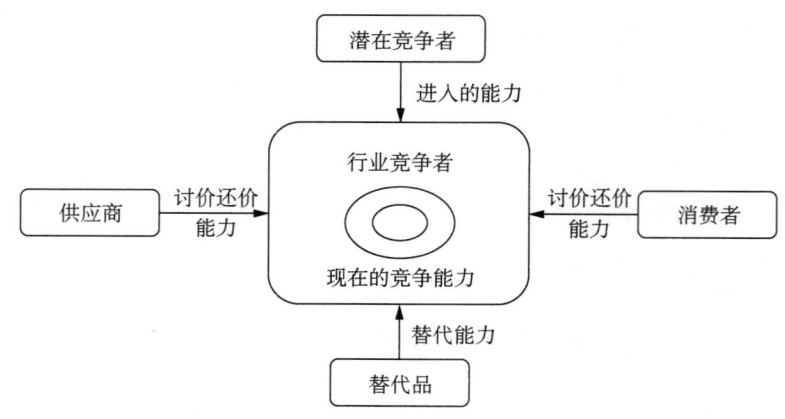

图1-4 五力竞争模型

项 目 测 试

姓名_____ 学号_____ 成绩_____

一、单选题

1. 某公司以前主要生产塑料制品,经营状况不理想。公司管理者注意到,影视作品及电视广告中出现的家庭居室多使用彩色塑料百叶窗,逐渐成为时尚。于是公司推出了各种款式、尺寸、颜色的百叶窗,取得了不错的经营业绩。该公司的这一调整是对(　　)。
   A. 技术环境的利用与引导　　　　B. 经济环境的利用与引导
   C. 社会文化环境的适应　　　　　D. 具体环境的适应

2. 美国管理大师彼德·德鲁克说过,如果你理解管理理论,但不具备管理技术和管理工具的运用能力,你还不是一个有效的管理者;反过来,如果仅具备管理技术和能力,而不掌握管理理论,那么你充其量只是一个技术员。这句话说明(　　)。
   A. 有效的管理者应该既掌握理论,又具备管理技巧与管理工具的运用能力
   B. 是否掌握管理理论对管理工作的有效性来说,无足轻重
   C. 如果理解管理理论,就能成为一名有效的管理者
   D. 有效的管理者应该注重管理技术与工具的运用能力,而不必注意管理理论

3. 下列各项中,不属于管理基本职能的是(　　)。
   A. 计划　　　　　　　　　　　　B. 组织
   C. 控制　　　　　　　　　　　　D. 经营

4. 有人说,教师不是管理者,但也有人不同意此观点,正确的观点是(　　)。
   A. 教师是管理者,因为在教学过程中同样要行使计划、组织、领导、控制和创新的职能
   B. 教师不是管理者,因为教师没有下属
   C. 教师是管理者,因为教师的工作是为实现教学目标服务的,是一种管理工作
   D. 教师不是管理者,因为没有行政级别而只有职称的高低

5. 下列各项中,属于组织外部环境的是(　　)。
   A. 经济环境　　　　　　　　　　B. 人力资源
   C. 物力资源　　　　　　　　　　D. 财力资源

6. 下列各项中,属于管理特性的是(　　)。
   A. 实践性　　　　　　　　　　　B. 理论性
   C. 科学性与艺术性　　　　　　　D. 竞争性

7. 管理者的技能有概念技能、人际关系技能和(　　)。

A. 管理技能 B. 专业技术技能
C. 科学技能 D. 分析技能

8. 科学管理理论的创始人是（　　）。
A. 梅奥 B. 韦伯
C. 法约尔 D. 泰勒

9. 计划职能是对未来活动进行的一种预先的谋划,包括研究活动条件、（　　）和编制计划。
A. 决策 B. 控制
C. 领导 D. 组织

10. 管理者角色不包括（　　）。
A. 人际角色 B. 信息角色
C. 决策角色 D. 生产者角色

11. 管理是指组织中的管理者为了实现（　　）,通过实施计划、组织、领导、控制和创新等职能,合理分配、有效整合组织内外相关资源的动态创造性活动。
A. 管理目标 B. 企业职能
C. 组织目标 D. 盈利目标

12. 管理的职能是指管理系统所具有的（　　）。
A. 功能与职责 B. 效果与功能
C. 实现目标的手段 D. 领导与控制

13. 管理的首要职能是（　　）。
A. 创新 B. 控制
C. 计划 D. 组织

14. （　　）是指生产经营一线的管理人员,也称一线管理者。
A. 普通管理者 B. 基层管理者
C. 中层管理者 D. 高层管理者

15. 管理者在处理与组织成员和其他利益相关者的关系时扮演的是（　　）。
A. 人际角色 B. 信息角色
C. 决策角色 D. 企业家角色

16. 下列各项中,不属于明茨·伯格对挂名首脑角色特征活动描述的是（　　）。
A. 签署合同 B. 发感谢信
C. 签署协议 D. 接待外部来访者

17. 下列各项中,属于明茨·伯格对领导者角色特征活动描述的是（　　）。
A. 从事外部委员会工作 B. 发感谢信
C. 接待外部来访者 D. 所有有下级参与的活动

18. 下列各项中,不属于泰勒的科学管理原理的主要内容的是（　　）。
A. 工作定额

B. 挑选和培训工人,使其掌握标准工作方法

C. 权责对等

D. 实行职能工长制

19. 下列各项中,不属于法约尔的14条原则的是(　　)。

　　A. 工作定额　　　　　　　　B. 纪律严明

　　C. 统一指挥　　　　　　　　D. 权责对等

20. 下列各项中,属于西方传统管理思想的是(　　)。

　　A. 亚当·斯密的管理思想　　　B. 科学管理理论

　　C. 组织管理理论　　　　　　　D. 行政组织体系理论

21. 韦伯的行政组织体系理论是以(　　)为核心。

　　A. 完善的行政组织体系理论　　B. 理想的行政组织体系理论

　　C. 合格的行政组织体系理论　　D. 科学的行政组织体系理论

二、多选题

1. 下列各项中,属于基层管理人员必须具备的技能有(　　)。

　　A. 专业技术技能　　　　　　B. 人际关系技能

　　C. 概念技能　　　　　　　　D. 协调技能

2. 下列各项中,属于现代管理理论的共同点的有(　　)。

　　A. 强调系统化　　　　　　　B. 重视人的因素

　　C. 重视"非正式组织"的作用　　D. 广泛地运用先进的管理理论与方法

3. 下列各项中,属于组织管理理论的14条原则的有(　　)。

　　A. 劳动分工　　　　　　　　B. 统一领导

　　C. 信息对称　　　　　　　　D. 报酬合理

4. 组织环境是组织所处的环境,是与组织及组织活动相关的一切物质和条件的统一体,具有(　　)的特性。

　　A. 稳定性　　　　　　　　　B. 复杂性

　　C. 系统性　　　　　　　　　D. 动态性

5. 下列各项中,属于企业物质环境内容的有(　　)。

　　A. 人力资源　　　　　　　　B. 物力资源

　　C. 财力资源　　　　　　　　D. 技术资源

6. 中国传统管理思想,可以概括的要点包括(　　)。

　　A. 以人为本的管理理念　　　B. 协调人际关系的思想

　　C. "利""义"观　　　　　　　D. 提高管理者素质的思想

7. 下列各项中,属于五力竞争模型中五力的有(　　)。

　　A. 供应商的讨价还价能力　　B. 消费者的讨价还价能力

　　C. 潜在竞争者进入的能力　　D. 替代品的替代能力

8. 物质环境中的信息资源包括（　　）。
   A. 情报资料　　　　　　　　　　　B. 统计数据
   C. 规章制度　　　　　　　　　　　D. 财务报表
9. 下列各项中，属于韦伯的行政组织理论的特点有（　　）。
   A. 明确的组织分工　　　　　　　　B. 科学的操作规范
   C. 合理的任用人员　　　　　　　　D. 自上而下的等级体系
10. 按照管理层次不同，可以将管理者划分为（　　）。
    A. 底层管理者　　　　　　　　　　B. 高层管理者
    C. 中层管理者　　　　　　　　　　D. 基层管理者
11. 管理是指组织中的管理者为了实现组织目标，通过实施（　　）创新等职能，合理分配、有效整合组织内外相关资源的动态创造性活动。
    A. 计划　　　　　　　　　　　　　B. 组织
    C. 领导　　　　　　　　　　　　　D. 控制
12. 管理的特性有（　　）。
    A. 管理工作即作业工作　　　　　　B. 管理工作区别于作业工作
    C. 管理工作是科学性与艺术性的统一　D. 管理工作仅具有科学性
13. 管理的职能是指管理系统所具有的（　　）。
    A. 功能　　　　　　　　　　　　　B. 效果
    C. 职责　　　　　　　　　　　　　D. 任务
14. 创新指的是组织把新的管理要素，如将（　　）等引入管理中，以更有效地实现组织目标的活动。
    A. 管理方法　　　　　　　　　　　B. 管理手段
    C. 管理模式　　　　　　　　　　　D. 管理策略
15. 管理者在组织中肩负的责任和使命有（　　）。
    A. 执行计划、组织、领导、控制和创新等职能
    B. 协调、监督组织成员
    C. 合理分配、有效整合组织内外资源
    D. 促进组织目标实现
16. （　　）是指生产经营一线的管理人员。
    A. 一线管理者　　　　　　　　　　B. 基层管理者
    C. 中层管理者　　　　　　　　　　D. 高层管理者
17. 下列各项中，属于明茨·伯格对企业家角色特征活动描述的有（　　）。
    A. 从事外部委员会工作　　　　　　B. 开发新项目
    C. 制定新战略　　　　　　　　　　D. 检查决议执行
18. 下列各项中，属于明茨·伯格对监听者角色特征活动描述的有（　　）。
    A. 阅读期刊和报告　　　　　　　　B. 与有关人员保持私人接触

C. 向媒体发布信息　　　　　　　　　D. 举行信息交流会

19. 下列各项中,属于泰勒的科学管理原理的主要内容的有(　　　)。

A. 工作定额
B. 挑选和培训工人,使其掌握标准工作方法
C. 实行差别工资制
D. 实行职能工长制

三、判断题

1. 主张通过与管理者职能相联系的办法把有关管理知识汇集起来,力图把用于管理实践的概念、原则、理论和方法糅合在一起以形成管理学科的学派是管理过程学派。(　　　)
2. 组织只能消极地、被动地改变自己以适应环境。(　　　)
3. 有人调查合资企业时发现,同样是先进的生产设备,在中国所取得的生产效率和产品效益却无法达到国外的水平。造成这种现象的根本原因是中国的生产工人素质较差。
(　　　)
4. 管理环境的多变性是指组织环境的构成要素数量多、种类杂。(　　　)
5. 管理的有效性在于充分利用各种资源,以最少的消耗实现组织目标。(　　　)
6. 企业的内部环境指的是内部文化环境。(　　　)
7. 管理者是指那些在组织中执行计划、组织、领导、控制和创新等职能,肩负协调、监督组织成员,合理分配、有效整合组织内外资源,促进组织目标实现的责任和使命的人。
(　　　)
8. 泰勒提出管理者扮演着10种不同但高度相关的角色,可归纳为人际角色、信息角色和决策角色三大类。(　　　)
9. 竞争者就是指与其争夺资源、服务对象的人或组织。(　　　)
10. 一个组织所处的环境分为一般环境和具体环境。(　　　)
11. 管理者要履行管理职能,对实现组织目标负有贡献责任和影响力。(　　　)
12. 按照管理能力不同,可以将管理者划分为高层管理者、中层管理者和基层管理者。
(　　　)
13. 中层管理者是指生产经营一线的管理人员,也称一线管理者。(　　　)
14. 基层管理者更侧重于概念技能。(　　　)
15. 高层管理者更侧重于概念技能。(　　　)
16. 重视人的因素,就是要注意人的社会性,在一定的环境条件下,尽最大可能满足人的需要,以保证组织中全体成员齐心协力地为完成组织目标而自觉做出贡献。(　　　)
17. 管理者须利用现代技术建立信息系统,可以高效、及时、准确地传递信息和使用信息,但还是不能促进管理的现代化。(　　　)
18. 技术环境是指企业所处的环境中科技要素及与该要素直接相关的各种社会现象的集合,包括国家科技体制、科技政策、科技水平和科技发展趋势等因素。(　　　)

19. 国际环境是来自国内和国外的各种影响组织的事件或机遇。　　　　（　　）

20. 具体环境又称微观环境或组织的任务环境,是指与特定组织有着密切联系并产生直接影响的各种力量。　　　　　　　　　　　　　　　　　　　　　　　　（　　）

四、简答题

1. 什么是管理?
2. 简要介绍管理的基本职能。
3. 简述科学管理理论。

五、案例分析题

提起华为,大家都会想到它的创立者任正非。马云曾评价任正非是一位被遗忘的高人,汇集睿智、严格、正直与谦逊于一身。作为华为的创始人,任正非曾参加或出席过的活动或项目数不胜数,以下列举4条。

1. 1996年,任正非率领一个10多人的团队去南斯拉夫洽谈合资项目。

2. 2003年,华为被思科起诉,任正非一边在美国聘请律师应诉,一边着手结盟3COM公司,共同应对此次起诉事件,最终,双方达成和解。

3. 2007年,任正非致信IBM公司CEO彭明盛,表达了希望IBM公司派出财务人员,帮助华为实现财务管理模式转型的愿望。

4. 2019年1月20日,任正非接受中央电视台《面对面》节目组的采访。

请思考:任正非在上述活动中,分别扮演了哪些管理者的角色?

项目二 计 划

知识目标

1. 理解计划的概念、性质、作用和类型
2. 掌握计划的内容、计划的编制过程和方法
3. 掌握目标管理的概念、特点和过程
4. 了解目标管理的注意事项和评价
5. 理解决策的概念、特征、重要性和类型
6. 理解决策的过程与影响因素
7. 掌握制定决策的方法

能力目标

1. 能够运用计划的相关知识科学地编制计划
2. 能在实际工作中开展目标管理
3. 认知并有意识培养自己的决策素质
4. 能运用决策的相关知识来分析与解决简单的决策问题

知识导航

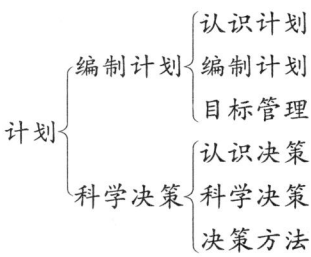

任务1 编制计划

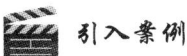 引入案例

致远公司是一家以生产及销售冷饮产品为主营业务的小型公司。公司的销售有淡、旺

季之分。受季节的影响,夏季属于冷饮产品销售的旺季,市场需求旺盛;冬季则属于销售的淡季,订单相对较少。让人费解的是,即使在冬季,虽然订单大量减少,但是每个月工人们不加班还是完不成月初的生产计划,甚至有时还会出现部分产品供货延误的情形。哪个客户要的急,就先生产哪个客户的订单,最后导致客户抱怨,甚至客户和订单流失。

公司通过调查发现生产计划存在很多问题。第一,一些客户到了月底才将下个月订单提供给公司,导致生产计划制订延时。第二,当一些客户在月度中间加订单时,公司就调整其他客户产品的生产,紧急生产这些追加的订单,从而导致计划的执行效率较低。第三,员工的工作积极性不高,不主动地去解决问题,甚至是被动地等待问题的发生,员工责任感不强。

为改变生产计划制订不科学和执行不到位这些问题,致远公司张总经理亲自到海冷集团去考察学习。他发现海冷集团采用的目标管理方法效果挺好。该方法能把计划层层分解,责任到人,充分调动员工的积极性,把计划目标执行到位。该方法正好可以解决致远公司生产计划制订不科学和执行不到位的问题。张总经理回来后,立即召开了全员会议,对目标管理方法的好处进行了说明。经过全体员工民主投票,致远公司决定采用目标管理的方法来解决公司生产计划制订不科学和执行不到位的问题。

致远公司按照目标管理的程序来编制与执行生产计划。第一,致远公司通过对国内市场对冷饮产品需求的调查,结合长远规划的要求,并根据公司的具体生产能力,制订了公司本年度的生产计划,然后将公司的总的生产计划下发给各个部门,让各部门以公司的总生产计划为依据制订各部门的生产计划。各部门依据公司的总目标再结合本部门的实际生产能力制订出本部门的生产计划以及个人的目标。考虑到一些突发因素,同时制订辅助生产计划来应对突发事件,并把本部门的生产计划分配到个人,责任到人。第二,在生产计划的实施过程中,每个员工都有了明确目标,所以在目标实施过程中,员工会自觉地、努力地实现这些目标,并对照目标进行自我检查、自我控制和自我管理。该方法充分调动起员工的责任感与工作积极性。在实施过程中,每个员工都要及时地反馈信息,将在工作中遇到的问题登记在"工作质量联系单"中,及时地反映给公司。公司根据部门反映的问题,对发生的重大变化及时修改生产计划。第三,公司根据每个员工的计划完成情况进行绩效考核,对公司生产计划的完成情况进行评定,作为各部门考核的依据。

致远公司通过目标管理方法来编制与执行生产计划,加强了各部门的责任心和主动性,使公司各部门从过去等待问题找上门的被动局面,转变为积极寻找和解决问题的主动局面。根据实际市场需求及时编制生产计划,积极地去执行计划,并根据具体情况及时调整生产计划。

案例思考:
1. 致远公司原先的生产计划存在哪些问题?
2. 致远公司为了解决困境,采用了什么计划编制方法?
3. 我们可以看出科学编制计划对于组织来说十分重要,那么我们应如何科学地编制计划?
4. 请结合社会主义核心价值观中的"民主"谈一下你对目标管理方法的优势的理解。

一、认识计划

"凡事预则立,不预则废",讲的正是计划的重要性。计划是管理的首要职能,它统驭并影响其他的管理职能。管理者要实施有效管理,都必须认真执行计划职能。管理者需要围绕计划规定的目标,从事组织、领导、控制和创新等管理活动。

(一)计划的概念与性质

1. 计划的概念

在管理学中,"计划"一词可以从两个方面理解。名词意义的计划是指用文字和指标等形式表达的,在制订计划中形成的各种管理性文件。动词意义的计划是指为实现决策目标而制订计划的过程。计划是为实现组织目标而对未来行动所做的综合的统筹安排,是未来组织活动的指导性文件。

计划有广义和狭义之分。广义的计划是指制订计划、执行计划和检查计划。狭义的计划仅是指制订计划。本书的计划概念是指狭义上计划,是指根据组织内外部实际情况,通过科学、准确的预测,提出在未来一定时期内的目标及实现目标的方法。计划是组织中各种活动的行动指南,也是各项活动有条不紊地进行的前提和保证。

2. 计划的性质

计划的目的在于保证管理目标的实现。从事计划工作并使之有效地发挥作用,就必须把握计划的性质。计划的性质主要表现在以下几个方面。

1)预见性

预见性是计划最明显的性质。计划是对未来行动的任务、目标、方法和措施等做出的预见性确认。这种预见性是有针对性的,不是盲目、空想的,而是根据组织上级部门的规定与指示以及本单位的工作任务、主客观条件和相应能力而做出的。预见是否准确,决定了计划的成败。

2)效率性

计划不仅要确保组织目标的实现,而且要从众多的方案中选择最优的方案,以求得合理利用资源和提高效率。计划的效率性是指计划的时效性和经济性两个方面的统一。计划的时效性是指计划的制订必须在计划期开始之前完成,以及慎重选择计划的开始时间和截止时间。计划的经济性是指计划尽可能以最小的资源投入获得尽可能多的产出。

3)首要性

计划的首要性表明计划位于其他管理职能的首位,计划是组织运行的先导,影响到整个组织及其运作的全过程。首先,其他职能的执行都离不开计划,如组织结构设计以实现组织目标为目的,以计划为主要依据;领导也是依据计划对员工进行引导。其次,组织中所有管理活动的开展都要明确管理目标,而目标的确定正是计划的首要任务。

4)普遍性

在组织内部,计划普遍存在于组织的各层次和各部门中。管理者都要制订或执行计划。组织的总目标确定后,各级管理人员为了实现组织目标,使本层次的组织工作得以顺利进行,需要制订相应的分目标或分计划。这些具有不同广度和深度的计划有机地结合在一起,形成了一个多层次的计划系统。

5) 目的性

计划都是为了促进组织的总目标和一定时期目标的实现。计划充分体现了管理的目的性。组织通过长期、中期和短期计划实现组织不同阶段和不同层次的目标。

6) 弹性

计划是在预测未来环境变化的基础上制订的，不可能完全准确。为使意外因素而引起的损失降到最低，管理者在拟订计划时要对未来可能的意外留有弹性空间，以便在计划执行过程中追踪计划执行的情况，并根据实际情况及时修正或在制订计划时根据环境可能变化的情况制订备选方案。

(二) 计划的内容

一个完整的计划必须清楚地描述以下内容（简称"5W2H"）。

(1) What——做什么？组织需要什么目标和内容。计划要明确所要进行的活动内容及其要求。例如，企业的生产计划离不开确定生产产品的品种、规格、型号、数量、质量和生产进度等内容，目的是在按质、按量和按期完成订货合同的前提下，使生产能力得到尽可能充分地利用。

(2) Why——为什么？组织为什么要采取这项行动。计划要明确活动的宗旨、目标和战略意图，并论证其可行性。大量的实践证明，计划工作人员对组织的宗旨、目标和战略意图了解得越清楚、认识得越深刻，就越有助于他们在工作中发挥主动性和创造性。

(3) Who——谁去做？谁对这项行动负责即确定行动的负责人。计划规定各项活动实施的主体，明确由哪个部门、哪位主管负责，并由哪些部门或哪些人员协助，以协调部门之间、管理者之间的关系，减少活动中可能出现的摩擦和阻力。

(4) Where——何地做？组织应当在什么地方采取这项行动。计划规定各项活动实施的地点或场所，了解实施的环境条件和限制，以便合理安排活动实施的空间组织与布局。

(5) When——何时做？组织应当在什么时候采取这项行动。计划选定计划实施的时机，以及规定计划中各项工作的开始和完成的进度和安排，以便进行有效的控制和对能力、资源进行平衡。

(6) How——怎么做？组织应当用什么方式与手段来行动。计划明确活动遵循的政策与规则，以及具体的方式、方法和措施，以求对资源合理分配和集中使用，对各项资源进行平衡，对各项派生计划进行综合平衡等。

(7) How much——多少成本？行动需要投入多少资源即该行动的资金和费用是多少。制订计划必须有科学的资金使用和分配方案。

计划的完整内容以及前提和应变措施如表 2-1 所示。

表 2-1　　　　　　　　　　　计划的内容

要素	所要回答的问题	内容
一个前提	该计划在何种情况下有效	预测、假设、实施条件
目标	做什么（What）	最终结果、工作要求

(续表)

要素	所要回答的问题	内容
目的	为什么要做(Why)	理由、意义、重要性
责任	由谁做(Who)	人选、奖惩措施
范围	涉及哪些部门、何地(Where)	组织层次或地理范围
时间表	何时做(When)	起止时间、进度安排
战略	如何做(How)	途径、基本方法、主要战术
预算	需要投入多少资源(How much)	费用、代价
应变措施	实际与前提不相符怎么办	最坏情况的计划

以上要素对于计划来说是缺一不可的。一旦出现计划前提与事实不一致时,要根据目的确定放弃还是创造条件继续实施计划。

(三) 计划的作用

计划是其他管理职能的前提和基础,并且渗透到其他管理职能中。它是管理过程的首要环节,所以计划具有重要的作用,具体表现在以下五个方面。

1. 计划是管理活动的桥梁,是组织、领导、控制和创新等活动的基础

计划为组织确定了生存的方向。计划是一座桥梁,它给组织提供了通向未来目标的明确方向,促使组织中全体人员的活动方向趋于一致,而形成一种复合的组织行为,以保证达到组织目标。

2. 计划能使组织明确目标,克服盲目性

组织要将愿望变成现实,必须建立明确的目标。计划首先从明确目标着手,为实现组织目标提供保障。计划工作使人们在组织的目标、当前现状以及由现实过渡到目标状态的途径方面做出事先的安排,由此明确组织的发展方向,使各方面行动获得一种明确的指示和指导。计划工作的开展迫使各级管理人员花时间和精力去思考未来的种种复杂情况,使环境中发生的变化有可能在多方面系统思考和预测中被事先估计到。组织能事先做出应变的准备,提高组织的适应能力并降低经营中的风险。

3. 计划明确组织成员行动的方向和方式

计划通过将组织活动在时间和空间上进行合理的分解,规定组织的不同部门在不同时间应从事的各种活动,使各方面的人员获得了明确的指示和指导。另外,计划的编制也同时为组织成员的工作分工和协作配合提供了基本依据,使各方面的行动得到了规范和约束,促进了组织活动的落实和协调。

4. 计划为优化资源配置,提高效益提供依据

在最经济的条件下实现目标是市场经济条件下一切组织都应遵循的原则。任何组织都必须讲求成本核算,使投入产出效益最高。组织活动的目的是对一定的资源进行加工和转换。计划可促进组织对需要的资源做出事先、全面的安排。计划使需要资源的有关部门明确何时需要何等数量的何种资源,这样组织资源的筹措和供应也就有了计划性,可以达到优

化资源配置,提高效益的目的。

5. 计划为检查、考核和控制组织活动提供标准

组织的各项活动都是围绕着计划方案进行的。组织各项活动的结果可能达到预期目标,也可能与预期目标存在一定的偏差。组织要通过控制职能来清除这一偏差。计划是控制的标准,是控制的基础。计划的编制为及时地对照控制标准检查实际获得情况提供了客观的依据,为及时发现和纠正偏差奠定了可靠的基础。

案例拓展2-1

某公司的刘总经理,总觉得自己的工作没有效率,于是就向一位效率专家学习了"10分钟效率法"。"10分钟效率法"是指用5分钟时间在一张白纸上写下你明天要做的6件最重要的事,然后再用5分钟时间,用数字标明每件事情对于你和公司的重要性次序。第二天早上把纸条拿出来,专心致志完成第一项重要任务,直到完成为止。然后用同样办法完成第二项、第三项……直到下班为止。即使只做完一件事,那也不要紧,因为你总在做最重要的事。刘总经理坚持做这件事,并在他的员工中普及这种方法。6年后,当年这个不为人知的小公司逐渐发展成为行业内的龙头企业。

案例分析:无论组织还是个人,若想走上成功之路,首先必须要有明确的目标,然后制订切实可行的行动计划,并集中精力去实现目标。

(四)计划的类型

根据不同的分类标准,计划可以划分为不同类型。

1. 战略计划与战术计划

根据计划的重要性程度,可将计划划分为战略计划和战术计划。

1) 战略计划

战略计划是指应用于组织整体的、为组织未来较长时期(通常为3年以上)设立总体目标或战略方案的计划。战略计划确定组织的长期发展方向、总体发展思路和资源配置策略,明确组织要做什么事以及为什么做,其目的是确保组织正确的发展方向。

战略计划通常是由高层管理者制订的。它具有时间跨度长,涉及范围广,内容抽象、概括,着重于设立远期和重要目标的特征。战略计划的前提条件和计划执行的结果具有较大不确定性。制订战略计划时,管理者需要全面认识组织的发展现状,如组织所处的环境、面对的机遇与挑战和组织结构特征等,还必须具备对环境进行系统认识和分析的能力,以及较强的风险意识、创新意识和创新能力,能够在不确定的环境中为组织找准未来发展方向和行动目标。

2) 战术计划

战术计划是指有关组织活动如何具体进行的计划。战术计划主要用来规定组织短期目标如何实现的具体实施方案和细节。它要解决的是在明确的战略目标指引下具体的活动安排以及有关资源安排的策略,通常是短期的作业计划。战术计划规定需要由什么人、在什么地方、什么时候和通过什么方法去完成,要求精确性和效率。

战略计划是战术计划的依据,战术计划是在战略计划指导下制定的,是战略计划的落实。从作用和影响上来看,战略计划的实施是组织活动能力的形成与创造过程,战术计划的实施则是对已经形成的能力的运用。

2. 长期计划、中期计划和短期计划

根据计划跨越的时间间隔,可将计划划分为长期计划、中期计划和短期计划。

1) 长期计划

长期计划是指5年以上的计划,是一种带有纲领性的"目标"计划,其内容比较概括,一般只有方向性的大目标,没有细节性的措施。制订长期计划是组织提高战略管理水平的重要手段之一。在充分评估环境的基础上制订长期计划,有助于组织统筹各种经营决策和多个项目,优化资源配置,提高有限资源利用率,科学制定战略决策。经营环境越是不确定,组织越是关注长期计划,越是聚集于核心战略问题。制订计划的时间跨度越长,不确定性越大,所以长期计划在实施过程中,难免需要随着环境的变化进行相应调整。

2) 中期计划

中期计划是指在长期计划与短期计划之间的承上启下的计划。它主要是协调长、短计划之间的关系,通常比长期计划详细、具体些,比短期计划粗略、抽象。它是长期计划的落实和短期计划制订的依据。由于中期计划对计划期间的任务、目标以及重大措施可做出具体安排,所以中期计划能够更好地搞好资源和各种条件的综合平衡,确保长期计划任务的顺利完成。由于中期计划时间跨度较短,不确定因素较少,相对比较稳定。

3) 短期计划

短期计划是指期限在1年或1年以内的计划,主要是针对一段较短时间做出的工作安排,或对短期内能够完成的具体工作的计划。它非常详细,有很具体的工作要求,如企业中的年度销售计划、生产计划、季度计划、月度计划等都属于短期计划。短期计划比较务实,其内容包括明确规定的量化目标以及实现这些目标的具体措施。所以,短期计划具有较强的可操作性,对保证整个组织活动和管理系统有条不紊地运行具有重要作用。

3. 具体性计划与指导性计划

根据计划内容的明确性标准,可以将计划分为具体性计划和指导性计划。

1) 具体性计划

具体性计划是指具有明确规定的目标、实施步骤和执行方案的计划。它以指导性计划的目标为最终目标,它具有明确的可衡量的具体目标及一套可操作的行动方案。

2) 指导性计划

指导性计划是指只规定一般的方针和行动原则,给执行者较大的自由处置权。它指出重点但不把执行者限定在具体的目标上或特定的行动方案上。在指导性计划中,没有明确的实施方案,需要通过具体计划来明确和具体化。

具体计划与指导性计划是密切相关的。指导性计划是具体性计划的方向,具体性计划是指导性计划的落实。具体性计划的明确性较高但其可预见性条件难以满足,而指导性计划的灵活性较高。在制订计划时,要根据实际问题在灵活性与明确性之间权衡,选择制订不同类型的计划,如在一个规模巨大的组织中,战略计划、长期计划大多是指导性计划,战术计划、短期计划一般是具体性计划。不同层次的管理者在计划执行过程中承担的任务是不同的,越是高层的管理者,要承担的越是长期的、总体的、指导性的计划;越是基层的管理者,要完成的就越是短期的、部门的、作业性的具体性计划。

4. 综合计划、部门计划和专项计划

根据计划应用的范围,可以将计划划分为综合计划、部门计划和专项计划。

1) 综合计划

综合计划是指涉及一个组织或系统的所有工作的整体计划。综合计划特点是"全面"。组织的综合计划在注重全面的同时,也有主次之分,讲求综合平衡,以保证计划的各个方面相互协调,切实得到贯彻执行。

2) 部门计划

部门计划是指在综合计划的基础上制订的计划。它的内容比较专一,局限于某一特定部门或职能,如人事处招聘计划。

3) 专项计划

专项计划是指为实施某项具体任务或为解决某个问题而专门制订的计划。专项计划特点是"专"。专项计划任务明确、措施具体可行、时间安排合理、职责清晰、有始有终。组织在制订专项计划时,不仅要考虑任务或问题本身,而且要通盘考虑与完成该任务或解决这一问题相关的主要影响因素。

(五)影响计划有效性的因素

1. 管理者层次

管理者层次的不同,制订的计划也是不同的。基层管理者所制订的计划主要是具体的作业计划;高层管理者所制订的计划主要是指向性的战略计划;中层管理者与基层管理者的计划活动,则主要是以高层管理者制订的战略计划为依据,进一步制订和实施战术计划或作业计划。所以,计划的质量、类型的选择、执行的效果等在很大程度上取决于不同层级管理者的思维方式、视野、专业知识以及综合素质等。

2. 组织的生命周期

组织计划的时间长度和明确性,与组织的生命周期密切相关。组织要经历形成、成长、成熟和衰退的生命周期。在组织生命周期的各个阶段,计划类型并非都具有相同的时效性,计划的时间长度和明确性应当在不同阶段进行相应的调整。

在组织的形成期,管理者应更多地制订指导性计划,因为在这个阶段,目标是尝试性的。资源的获取和顾客的发展具有很大的不确定性,指导性计划可使管理者随时按需要进行调整,计划对环境变化的不确定性的反映更具灵活性。

在组织的成长期,组织目标更为明确,资源获得更加稳定、顾客忠诚度逐步提高,计划应该制订得更为明确和具体。

在组织的成熟期,内外部环境可预见性较大,计划的重点可放在长期的战略计划和具体的操作性计划上。

在组织的衰退期,组织面临的环境变化和不确定性增多,计划的重点要重新放在短期的、指导性的内容上,这时组织目标要重新审定,资源要重新分配。

3. 环境的不确定性

组织计划的弹性和时间跨度的长短与环境是否具有不确定性密切相关。面临高度不确定性环境的组织,计划应当是指向性的,计划期限也应尽量地短。相反,如果环境中的所有因素都保持不变,这样的组织就无疑会从指定具体计划中收益。但问题是环境条件并非总是稳定不变的,如果环境正在发生迅速的和重要的变化,精准规定的计划,反而会束缚组织成员采取积极主动的行动,从而成为组织取得良好绩效的障碍。通常,当环境条件变化越大时,计划就越不需要精确、具体,这样组织越会从计划的灵活性中获取更大的收益。

二、编制计划

(一)编制计划的过程

编制计划本身有一个过程。计划工作都要遵循一定的程序或步骤。管理人员在编制计划时,其工作步骤都是相似的,计划一般要经过以下的过程,如图2-1所示。

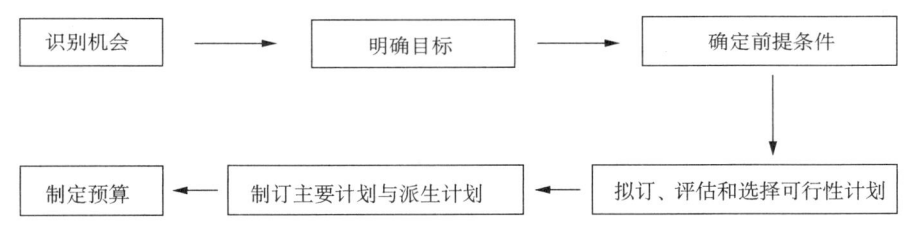

图2-1 编制计划的过程示意图

1. 识别机会

识别机会是计划过程的起点,旨在通过分析和研究环境发现机会,为计划的制订提供依据。其主要内容有:对未来可能出现的机会进行初步分析和研究,比较组织自身的优势和劣势,明确组织目前所处的地位及面临的不确定因素,预测和展望未来可能取得的成果。

2. 明确目标

明确目标是决策工作的主要任务,是制订计划的第一步。计划工作的主要任务是将决策所确立的目标进行分解,以便落实到各个部门和各个活动环节。计划在识别机会的基础上,为整个组织及其所属人员确定未来一定时期内所要实现的目标,指明所要做的工作有哪些,重点放在哪里,以及通过战略、政策、程序、规划和预算等各种计划形式确定所要完成的目标。

3. 确定前提条件

计划的前提条件是要实现计划的假设条件,即计划实施时的预期环境。确定前提条件,就是要对组织未来的内外部环境和所具备的条件进行分析和预测,弄清计划执行过程中可能存在的有利和不利条件。组织在确定计划的前提条件时,必须较准确地预测经济、社会、市场、技术和内部环境的变化。形成计划编制的参与者都能彻底地理解和同意使用的计划前提,这样组织计划的制订和实施才会更加协调和有效。

要把一个计划的未来环境的每个细节都做出假设,不仅不切合实际而且得不偿失,因而是不必要的。因此,前提条件应限于那些对计划来说是关键性的或具有重要意义的假设条件,也就是说,应限于那些对计划贯彻实施影响最大的假设条件。

4. 拟订、评估和选择可行性计划

"条条道路通罗马"和"殊途同归",都描述了实现某一目标的途径是多样化的。拟订和选择行动计划包括三个步骤:拟订可行的行动计划、评估行动计划和选定计划。

1) 拟订可行的行动计划

拟订可行的行动计划要求拟订尽可能多的计划。可供选择的行动计划数量越多,对选中的计划的相对满意程度就越高,行动可能就越有效。因此,在计划拟订阶段,要发扬民主,广泛发动群众,充分征询组织内外的专家的意见,产生尽可能多的行动计划。在该阶段,计划需要"巧主意",需要创造性。

2) 评估行动计划

评估行动计划要注意考虑以下几点:第一,认真考察每一个计划的制约因素和存在的隐患;第二,要用总体的效益观点来衡量计划;第三,既要考虑到每一个计划的有形的可以用数量表示出来的因素,又要考虑到无形的不能用数量表示的因素,还要考虑计划执行可能带来的损失,特别要注意那些潜在的、间接的损失。评价方法分为定性和定量两类。

3) 选定计划

选定计划是指按一定的原则选择出一个或几个较优的计划方案。

5. 制订主要计划和派生计划

1) 制订主要计划

制订主要计划就是将所选择的计划用文字形式正式表达出来,作为管理文件。计划要清楚地确定和描述"5W2H"的内容,即 What(做什么)、Why(为什么做)、Who(谁去做)、Where(何地做)、When(何时做)、How(怎样做)和 How much(投入资源)。

2) 制订派生计划

基本计划还需要派生计划的支持。例如,一家公司年初制订了"当年销售额比上年增长15%"的销售计划,与这一计划相连的有许多计划,如生产计划、促销计划等。再如,当一家公司决定开拓一项新业务时,这个决策是要制订很多派生计划的基础,如雇佣和培训各种人员的计划、筹集资金计划以及广告计划等。

6. 制定预算

在选定计划后,要将选定的计划转变成预算,使计划数字化。预算是指一种用数字表示预期结果的报告书,是一种特殊的计划形式,也称为"数字计划"。编制预算的目的在于使计划的指标体系更加明确,使组织更易于对计划的执行跟进控制。

(二) 编制计划的方法

计划工作效率的高低和质量的好坏在很大程度上取决于所采用的计划方法。在实际的计划工作中,组织要具体问题具体分析,选择适合解决问题的计划方法。实践中,编制计划的方法主要有目标管理法、滚动计划法和网络计划技术。其中,目标管理法将在本任务的第三部分进行重点介绍。

1. 滚动计划法

1) 滚动计划法的概念

滚动计划法是指在编制计划时,确定一个较长的计划期,然后先根据"近细远粗"的原则制定出初始计划。每经过一段固定的单位时期(如一年或一个季度等),再根据变化的环境条件和计划的实际执行情况,对原有计划进行必要的调整。计划期不变,具体的单位时期在向前延伸,像车轮滚动一样,边实施边修正,修正后的计划又指导行动。该方法是一种具有柔性的、能适应环境变化的计划编制方法。

2) 滚动计划法编制方法

在制订计划时,同时制定出未来若干期的计划,但计划内容采取"近细远粗"的原则,即近期计划尽可能地详尽,远期计划的内容则较粗略。在计划的前一阶段结束时,根据该阶段计划执行情况和内外部环境变化情况,对原计划进行修订,并将整个计划向后滚动一个阶段,以后根据同样的原则逐期向后滚动。以某企业生产经营计划过程为例,用图2-2来说明采用滚动计划法编制和修订计划的过程。

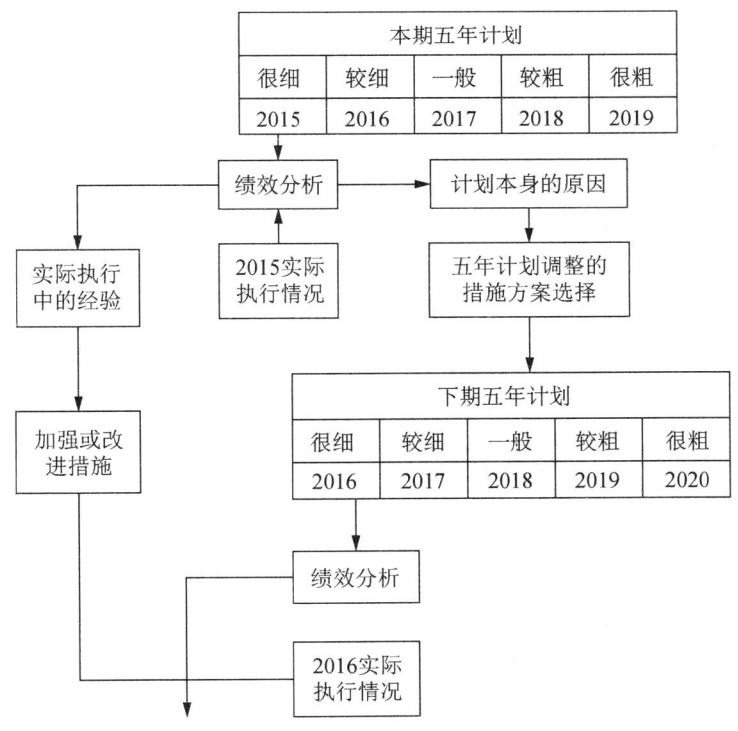

图2-2 滚动计划法示意图

3) 滚动计划法的特点

(1) 计划期分为若干个执行期,近期计划内容一般制订得详细、具体,是计划的具体实施部分,具有指令性。远期的内容则较笼统,是计划的准备实施部分,具有指导性。

(2) 计划每执行一定时间,就根据实际情况和客观条件的可能变化对以后各期的计划内容进行补充、修改和调整,并依次向后延伸至一个新的执行期。

4) 滚动计划法的评价

滚动计划法的应用虽然使得计划编制和实施工作的任务量加大,但是由于计算机技术的发展,其优点更突出,主要体现在:

(1) 滚动计划法使计划更加切合实际,提高了计划的准确性,更好地发挥了计划的指导作用,并使战略性计划的实施更加切合实际。

(2) 滚动计划法使短期计划、中期计划和长期计划有机地结合在一起,并根据环境的变化对其进行及时的调整,使各期计划基本保持一致。

(3) 滚动计划法提高了计划的弹性,可以有效规避风险,适应竞争需要,提高组织的应变能力。

2. 网络计划技术

1) 网络计划技术的概念

网络计划技术是指一种利用网络理论来安排工程计划,寻求最优的计划方案,并用来组织和控制计划的执行,以实现预期目标的科学管理方法。网络计划技术在现代项目管理中得到了广泛而深入的应用。

2) 网络计划技术的基本原理

网络计划技术的基本原理是把一项工作或项目分解成各种作业,然后根据作业的先后顺序进行排列,通过网络图对整个工作或项目进行统筹规划与控制,以用最少的人力、物力和财力资源,用最短的时间完成工作任务。

3) 网络计划技术的基本步骤

网络计划技术的基本步骤主要包括三个阶段:分解任务、绘制网络图和确定关键路线。下面举例说明网络计划技术的基本步骤。

【例2-1】 致远公司的生产冷饮项目有八道工序,分别以 A、B、C、D、E、F、G、H 表示,各工序所需时间分别为 4天、2天、6天、8天、4天、4天、10天、4天。各工序之间的关系为:A 完成后才能开始 D;B 完成后才能开始 E、G;C 完成后才能开始 F;只有当 B、D 均完成后,才能进行 G;当 E、F 完成后才能开始 H。绘制网络图并确定关键路线。

(1) 分析作业和作业时间。首先将任务分解为若干项作业,明确各项作业的先后顺序和完成时间,如表2-2所示。

表2-2　　　　　　　　生产冷饮项目工序示意表

工序代号	紧后工序	作业时间(天)
A	D	4
B	EG	2
C	F	6

(续表)

工序代号	紧后工序	作业时间(天)
D	G	8
E	H	4
F	H	4
G	—	10
H	—	4

（2）绘制网络图。根据任务分解、作业时间及先后逻辑关系，绘制网络图。网络图是网络计划技术的基础。任何一项任务都可以分解成许多步骤的工作，根据这些工作在时间上的衔接关系，用箭线表示它们的先后顺序，画出一个由各项工作相互联系，并注明所需时间的箭线图，这个箭线图就称作网络图。

根据工序的先后顺序和完成时间绘制网络图，如图2-3所示。

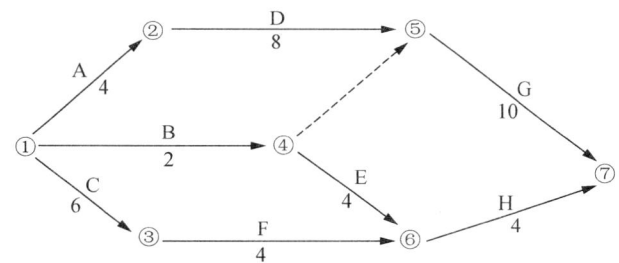

图 2-3　生产冷饮项目网络示意图

在网络图中涉及以下基本概念：

箭线"→"：箭线代表一项活动、工作、作业的过程。箭线上表示该活动的代号，箭线下的数字是完成该项工作所需的时间。箭线把各个节点连接起来，以表明各项作业或各道工序之间的先后顺序和相互关系。

节点"○"：节点是指两个工序间的连接点，不占用时间，也不消耗资源，只表示前道工序结束、后道工序开始的瞬间。

虚箭线"--→"：虚箭线代表一种作业时间为零，实际上并不存在的作业或工序。它只是一个符号标识，既不占用时间也不消耗资源。它的作用是把两个节点之间的多项作业分开，以明确表示各项作业或各道工序之间的逻辑关系。

路线：路线是指网络图中从始点开始，沿着箭头方向到达网络图终点为止，中间由一系列首尾相连的节点和箭线所组成的一条通道。在同一个网络图上，往往有多条时间长短不一的路线，图2-3生产冷饮项目网络图中从始点①到结束点⑦的所有路线有四条，即：

Ⅰ：①→②→⑤→⑦

Ⅱ：①→④→⑤→⑦

Ⅲ：①→④→⑥→⑦

Ⅳ：①→③→⑥→⑦

(3) 确定关键路线。关键路线是指网络中完工时间最长的相关活动序列。它决定了完成整项任务所需要的时间。比较各路线的路长，可以找出一条或几条最长的路线，图2-3中Ⅰ路线是完工时间最长的，路线长22天。Ⅰ路线就是关键路线。关键路线上各工序完工时间提前或推迟都直接影响着整个活动能否按时完工。确定关键路线后，就可以合理安排各种资源，抽调处于非关键路线上各种工作所花费的人力、物力和财力用于关键路线上的各项工作，就能够通过缩短关键路线来缩短整个工期，降低成本，提高经济效益。

4) 网络计划技术的评价

网络计划技术一般需要大量繁琐的计算，但随着计算机的广泛应用，这样繁琐的工作多由计算机来完成。该技术能够广泛应用，主要是它本身具有一系列的优点，主要体现在：

(1) 该技术易于操作，应用广泛，适用于各行各业。

(2) 该技术可事先预测实现目标的可能性。该技术指出了计划实施过程中可能发生的困难点，以及这些困难点对整个任务产生的影响，准备好应急措施，减少不能按时完成任务的风险。

(3) 该技术便于实施与控制。管理者可以将任务，特别是复杂的大项目分成许多支持系统来分别组织实施与控制。这种化整为零、聚零为整的管理方法，可以达到局部和整体的协调一致。

(4) 该技术能把整个项目的各个项目的时间顺序和相互关系清晰表明出来，并指出了完成任务的关键环节和路线，所以管理者在制订计划时可以统筹安排，全面考虑，又不失重点。

(5) 该技术对项目的时间进度与资源利用实施优化。在计划实施过程中，管理者调动非关键路线上的人力、物力和财力从事关键作业，这样既节省资源，又能加快项目进度。

三、目标管理

当一个组织的最高层管理者确定了组织的宗旨，这个宗旨怎样才能变成组织的总目标？组织的总目标怎样才能变成各个部门及每个人的分目标？解决这些问题的一种方法就是目标管理。

(一) 目标管理的概念与特点

目标管理创始于20世纪50年代的美国，是在科学管理和行为科学理论的基础上形成的一套管理制度与方法。

1. 目标管理的概念

目标管理是指组织根据面临的形势和社会需要，制定出一定时期内组织需要达到的总目标,然后将总目标自上而下层层分解,形成一个目标体系,然后通过各部门每个人的目标实现自上而下层层确保总目标的实现,并把自己的完成情况作为各部门或个人考核依据的一套管理方法。

目标管理不仅是一种计划方法,而且是一种民主的、自我控制的、参与式的管理制度,是一种将组织目标与个人需求结合在一起的管理制度。

2. 目标管理的特点

1) 以目标为中心

目标管理强调明确的目标是有效管理的首要前提,将重点放在目标的实现上,而不是行动的本身。

2) 强调系统性

目标管理首先由管理层确定一定时期的总目标,然后对总目标进行分解,层层下达,逐级展开,形成不同层次、不同要求的多个目标。这些目标之间相互关联、相互支持,形成整体的目标网络系统,保证组织目标的整体性和一致性。

3) 强调自我控制

目标管理既重视科学管理,又重视人的因素。目标管理认为,员工是愿意负责的,愿意在工作中发挥自己的聪明才智和创造力。如果我们控制的对象是一个社会组织中的"人",则必须通过对动机的控制来实现对行为的控制。目标管理强调以人为中心,通过目的性的、自我控制式的、个人创造性的目标进行管理。目标管理的主旨是用自我控制管理代替压制性的管理,这种自我控制可以激励员工尽自己最大的努力把工作做好。

案例拓展 2-2

为了增强企业的向心力,现在有很多企业尝试实行一种独特的管理制度,即一日厂长制。一日厂长制是指让职工轮流当厂长管理厂务,和真正的厂长一样,拥有处理公务的权力。当一日厂长对工厂有批评意见时,要详细记录在工作日记上,并让各部门车间的员工查看。各部门、各车间的主管,得依据批评意见随时改正自己的工作。事实证明,在实施"一日厂长制"后,大部分干过"厂长"的职工,对工厂的向心力都大为增强,节省了生产成本,也显著提高了管理成效。

案例分析:这案例表明工人自我管理带来高效率和高收益。

4) 促使权力下放

目标管理的网络化将目标层层分解下达,要求各级管理人员要明确自己的管理目标和管理责任。上级要根据目标的需要,授予下级部门和个人相应的权力,激励下级部门和个人充分发挥自己的聪明才智,保证目标的顺利实现。所以,授权是提高目标管理效果的关键,推行目标管理,可以促使权力下放。

5) 评价绩效

目标管理寻求不断地将实现目标的进展情况反馈给个人,以便他们能够调整自己的行动,所以,每个人对他所在部门的贡献就变得非常明确。管理人员要努力吸引下属人员对照预先设立的目标评价业绩,积极参加评价过程。管理人员用这种鼓励自我评价和自我发展的方法鞭策员工对工作的投入,并创造一种激励的环境氛围。

(二) 目标管理的过程

由于每个组织的活动性质不同,目标管理的步骤也有所不同,一般来说,可以分以下三步。

1. 建立一套完整的目标体系

要确保目标管理顺利实现,首先要建立一套完整的目标体系。组织的最高决策层首先要订出一定时期内组织要达到的总目标,然后经过上下协商,订出下级以及个人的分目标。组织内部上下左右各è都有具体的目标,从而形成一个目标体系。当然,目标也可由下级部门或职工自行提出,由上级批准。这一阶段可以细分为以下三个步骤。

1) 确定总目标

组织的总目标既可以由上级提出,再同下级讨论,也可以由下级提出,上级批准。无论采取哪种方式,必须共同协商决定。组织在确定总目标时,需要注意以下几个问题。

(1) 组织需要注意到目标的可分解性。目标的分解不是主观的,而是根据目标的实际需要进行分解。总目标的可分解性涉及的最主要问题是职工利益与组织利益相背离的问题,所以组织要把员工的利益与组织的利益挂起钩来。

(2) 组织需要保证目标之间的整体性。根据系统论的原则,确定目标时应当保证目标之间的整体性,经过由整体到局部,由长远到近期,由专业到岗位,由总体的层次到全面考虑之后,再确定目标体系。

2) 目标分解,确立下级部门及个人的分目标

目标分解是指将目标一层层划开,大划中,中划小,一直分解到班组和个人。分解的实质是一种自上而下层层展开,自下而上层层保证的过程。

通过目标分解,确立下级的目标。首先下级要明确组织的规划和目标,然后商定下级的分目标。在讨论中上级要尊重下级,耐心倾听下级意见,帮助下级确定发展一致性和支持性目标。分目标要具体量化,便于考核,既要有挑战性,又要有实现的可能。每个部门和员工的分目标要和其他部门和员工的分目标协调一致,支持本部门和组织目标的实现。

3) 达成协议,明确目标责任

上下级就实现各项目标所需要的条件及实现目标后的奖惩事宜达成协议。分目标制定后,要授予下级相应的资源配置的权力,实现责、权、利的统一,同时配以奖惩措施。

2. 组织目标的实施

目标的实施阶段是指目标实现过程,这一过程的工作质量直接影响着目标成效。为了保证各层次、各成员能实现目标,目标管理通过各级授权,使每个人都明确在实现总目标的过程中自己应承担的责任。目标管理实行职责范围内的自主管理、自我监督、自我调整,但这并不意味着上级就可以撒手不管了,上级应通过指导、协助、提出问题,提供情报及创造良好的工作环境等方式进行管理,以保证目标实施有效地进行。

在组织目标实施的过程中要注意以下三个问题：第一，要实行充分授权，做到权、责、利的统一；第二，实行自我管理，使员工感到工作是出自内心愿望，充分发挥员工的工作积极性；第三，要保持定期或经常的成果反馈或检查，使下级能及时调整行动，与组织的整体目标保持一致。

3. 目标成果的检查和评价

对各级目标的完成情况，要事先规定好期限，定期进行检查。检查的方法可灵活地采用自检、互检和责成专门的部门进行检查。检查的依据是事先确定的目标。对于最终结果，应当根据目标进行评价，并根据评价结果进行奖惩。经过评价，使目标管理进入下一轮循环过程。

（三）推行目标管理的注意事项

推行目标管理，除了要掌握具体的方法外，应特别注意以下三个问题。

1. 要有一定的科学管理基础和思想基础

科学管理基础是指各项规章制度比较完善，信息比较通畅，能够比较准确地度量和评估工作成果。思想基础是指要教育员工确立全局观念和长期利益观念，要正确处理好社会、组织和员工个人之间关系。

2. 是否推行目标管理关键在于领导

目标管理制度中的领导不是在原则上的领导，而是具体、实际的领导，要求对各项指标心中有数，所以实行目标管理不是对领导要求低了而是更高了。目标管理中的领导者与被领导者之间不是命令与服从的关系，而是平等、尊重、信赖和相互支持的关系。因此要求领导者改进作风，提高水平，发扬民主，善于沟通，另外领导者还要善于授权。

3. 目标管理要逐步推行，长期坚持

推行目标管理需要许多配套工作作为基础，如健全各种机制、提高员工的素质、做好其他管理的基础工作和制定一系列有关的政策等。推行目标管理应先试点，在试点的基础上总结经验，逐步推广。目标管理的推行需要长期坚持，不断发展和完善，这样才能起到良好的效果。

（四）目标管理的评价

目标管理既有积极的优点，也有其局限性。

1. 目标管理的优点

（1）目标管理可以有效地调动员工的积极性、创造性和责任心。目标管理实现了"三全"：全员参与、全员保证、全员管理，由压制人的管理变成以自我控制为主的管理。目标管理使员工不再是只听从命令、等待指示及决定的、盲目的工作者，而是一个主动的、可以在一个领域内施展才华的积极工作者，显著地提高了管理成效。

（2）目标管理有利于提高管理水平。目标管理最大的好处就是能提高管理水平。为了保证目标的实现，各级管理人员要深思熟虑实现目标的方法和途径，考虑相应的组织机构和人选，以及需要怎样的资源和哪些帮助，达到提高管理水平的目的。

（3）目标管理有利于进行更有效的控制。管理控制的主要问题之一是要懂得如何进行监督,而一套明确的、可考核的目标正是管理者了解如何进行监督的最好指导。

(4) 目标管理有利于改进组织结构和职责分工。目标管理可使主管人员把组织的任务和结构弄清楚,尽可能地把主要目标所要取得的成果落实到对实现目标负责的岗位上。

2. 目标管理的局限性

(1) 合理的目标难确定。一方面可考核的目标是难以确定的,另一方面使同一级主管人员的目标都具有正常的"紧张"和"费力"程度更是困难的,而这两个问题恰是使目标管理取得成效的关键,这为目标管理的有效实施设置了难以逾越的障碍。

(2) 目标期限短。在大多数的目标管理计划中,所确定的目标一般都是短期的,很少超过1年,常常是一个季度或更短的目标。然而组织强调短期是危险的,会损害长期目标的实现,所以,为防止短期目标导致的短期行为,上级管理人员必须从长期角度提出总目标和制度目标的指导准则。

(3) 不灵活。目标管理要取得成效,就必须保持其明确性和肯定性,如果目标经常改变,就难以说明它是经过深思熟虑和周密计划的结果,这样的目标是没有意义的。计划是面向未来的,而未来存在许多不确定因素,这又使得必须根据已经变化了的环境对目标进行修正。然而目标的改变可能导致目标前后不一致,给目标管理带来困难。

尽管目标管理在实践管理工作中还存在一些欠缺,若可被灵活运用,目标管理在实践管理工作过程中将起到较好的作用。

(五) 目标管理的误区

目标管理存在以下几个误区。

1. 目标管理是灵丹妙药

目标管理最大的特点是侧重目标,而不是方法。目标管理的实质仅是通过有难度且明确的目标,激发出员工的主观能动性。若把目标管理当成一个管理平台,用其处理工作流程中的问题,也许是高估了它的能量,它不是企业管理过程中包治百病的灵丹妙药。

2. 目标管理就是量化任务

有些管理者认为,目标管理只要将任务量化,同时提高难度就万事大吉了。这种做法只适用于决策权力弱、不可控因素少的员工,对于研发人员或存在不可控因素多的工作,就很难奏效。目标管理可以针对不同员工,给予他们不同的目标。一味追求量化任务的实现,不是目标管理的主要意义。

3. 目标管理是监督工具

有些员工认为,目标管理是绩效考核、监督的工具。这样一来,往往会把容易完成的工作定为主要目标。更有甚者,为了体现业绩,用短期见效的目标取代意义重大而长期见效的目标,这是对目标管理的一种误解。目标管理的初衷是帮助员工提高效率从而增强满意度,而不是增加负担进而产生压抑感。大家可以通过目标管理彼此协调,减少资源浪费,尤其是时间资源。目标管理强调"自我控制""自我突破",但并非放弃管理,只不过用双向沟通代替了专制管理,从而更有效地保证组织目标的实现。

任务2 科学决策

引入案例

华为公司自1987年在广东深圳正式注册成立以来,通过自身的努力迅速发展起来。在中国改革开放的浩瀚海洋里,一批批大大小小的科技公司起来了,又倒下了,但是华为公司却在稳健成长,狂飙突进,公司业务已遍布世界各地。华为公司先进的技术已影响到很多国家,成为我国国产品牌的骄傲,并真正成长为中国少有的大型国际化企业。

华为公司的成功有很多原因,但是华为公司的成功离不开它的明确目标的指导与一次次英明的决策。华为公司自成立起,就把成长为世界级企业作为奋斗的目标,并不断地寻求一种适合自己发展道路的管理模式。

2000年,当华为公司销售额达152亿元人民币,位居电子行业百强首位时,华为公司没有骄傲,而是做出了重视危机的决策。危机决策让其在中国的企业界确立了新的地位。

2004年是我国宏观调控严峻之年,一大批企业落马,但是IT业却是一个"暖冬",在缓解了2000年互联网泡沫的影响后,国内互联网企业也开始乐观起来。在此背景下,华为公司却认为整个信息产业都会遭遇"冬天",这场生死存亡斗争的本质是质量、服务和成本的竞争。华为公司决定积极扩大海外市场,做出了在国内市场上增长速度可以下滑,但不能低于其他同行公司的决策。华为公司用价格战狂扫海外市场,2005年起,海外销售收入开始超过国内市场。2007年海外收入所占总收入比例已超过了70%,华为公司已经成为一家真正国际化的公司。

2008年,华为公司的发展进入一个新的阶段:根据2007年年报显示,华为销售收入已经达到了125.6亿美元,跻身世界通信设备商的前五强。华为公司决定实现从客户需求到研发、再回到客户端的管理,把技术更新和推进当作一种狙击新进入者的手段。华为公司做出了极限生存的假设:假设有一天,所有美国先进芯片和技术将不可获得,公司仍将持续为客户服务,在那时公司该怎么办?为了这个大多数人以为永远不会发生的假设,华为公司决定自己研发属于华为公司的芯片和先进技术。华为公司的产品领域涉及广阔,所有技术与器件是如此多元,面对数以万计的科技难题,华为公司有过无数次失败,也有过困惑,但是从来没有放弃过。终于,华为公司研发出了自己的先进芯片与技术。2019年,多年前的极限生存假设真的发生了。美国对中国发起贸易战,华为公司首当其冲,将不能从美国获得先进芯片和技术。面对这个极限而黑暗的时刻,华为公司多年来耗费巨资和人力研发的先进芯片与技术,确保了公司的战略安全,确保了大部分产品的连续供应。

面对这次突发事件,华为公司决定,不仅要保持开放创新,更要实现科技自立,每一个新产品一出生,将必须同步"科技自立"的方案。

案例思考:

1. 华为公司的决策属于什么类型的决策?

2. 华为公司的决策体现了决策的什么特征?
3. 通过华为公司决策案例的启发,我们应如何进行科学决策。
4. 请结合工匠精神探讨对华为公司危机决策的理解。

一、认识决策

决策是管理者从事管理工作的基础,是管理工作的本质。整个管理过程都是围绕着决策的制定和实施而展开的,决策贯穿于管理过程的始终。决策在管理中的重要地位在计划职能中得到了体现,决策是计划的核心或灵魂,它对管理具有决定意义。

(一) 决策的概念与特征

1. 决策的概念

决策是指做出决定或选择。时至今日,对决策概念的界定不下上百种,但仍未形成统一的概念。本书采用以西蒙为代表的决策理论学派的观点,即决策是指管理者为达到一定目标,在内外部条件的约束下,在两个或两个以上的方案中选择一个满意方案或策略并付诸实施的过程。

2. 决策的特征

根据决策的概念,可知决策有如下特征。

1) 目标性

任何决策都包含着目标的确定。目标体现的是组织想要获得的结果。目标明确以后,方案的拟订、比较、选择、实施及实施效果的检查就有了标准和依据。决策是管理者为实现一定目标而开展的管理活动,因此决策必须有明确的目标,没有明确的目标或者目标不明确,决策就失去了方向,将是盲目的决策。

2) 可行性

决策是管理者在内外部条件的约束下做出决定的过程。任何决策的实施都需要一定的人力、物力和财力。没有一定资源支持的决策,即使理论上再完善也只能是空中楼阁。因此在决策过程中,不仅要考虑方案实施的必要性,还要考虑方案实施资源的限制。

3) 选择性

决策的关键是选择。没有选择就没有决策,如果只有一个备选方案,就不存在决策的问题了。决策是管理者在两个或两个以上的方案中选择的过程,而要有所选择,就必须提供可以相互替代的方案。为了实现同样的目标,组织总是可以从事多种不同的活动。这些活动在资源要求、可能结果及风险程度等方面存在着或多或少的差异,所以不仅有选择的可能,而且有选择的必要。

4) 满意性

决策是管理者在内外部环境的约束下,选择一个具有可行性、合理性的满意方案的过程,而不是选择一个最优方案的过程。对于决策者来说,要想使得决策达到最优,必须具备以下条件:一是容易获得与决策有关的全部信息;二是真实了解全部信息的价值所在,据此控制所有可能的方案;三是准确预期到每个方案在未来的执行结果。现实中,上述条件往往得不到满足,由此而来的决策只能是相对比较满意的,符合环境要求的决策,而绝非是最优化的决策。

5)动态性

决策是一个错综复杂的过程,是一个不断循环的过程。管理者做出一个决策以后,又可能引申做出几个相关决策,前一个决策的完成是后几个决策的起点。因此,决策是动态的,没有真正的起点,也没有真正的终点。

(二)决策的重要性

西蒙曾提出"管理就是决策"的理论,可以看出决策在管理工作中具有重要的地位和作用。

(1)决策贯穿于管理过程的始终,管理者所做的每一件事中,决策都扮演了重要的角色。如表2-3所述,在计划、组织、领导、控制和创新的每一项职能中都需要决策。

表2-3　　　　　　　　计划、组织、领导、控制和创新中的决策

职能	决策内容	职能	决策内容
计划	个人目标的难度应当有多大? 组织的短长期目标是什么? 如何选择备选计划?	组织	组织应当有多大程度的集权? 职位应当怎么设计? 组织应采用什么组织结构?
领导	最有效的领导方式是什么? 怎么处理员工低落情绪? 什么时候可以鼓励冲突?	控制	组织应具有什么类型的管理信息系统? 需要对组织中哪些活动进行控制? 控制采用哪些方式?
创新	管理创新的内容有哪些? 技术创新采用什么方法? 管理创新采用什么方法?		

(2)决策的正确与否直接关系到组织的生存与发展,战略决策影响到企业的长远发展和生存。

(三)决策的类型

决策可以按不同的标准进行分类。

1. 战略决策、战术决策和业务决策

根据决策的重要程度不同,可划分为战略决策、战术决策和业务决策。

1)战略决策

战略决策是指直接关系到组织生存和发展的全局性、长远性的决策,主要由企业最高层管理者负责制定。战略决策是组织最重要的决策,通常包括对组织目标、方针的确定,组织机构的调整,组织产品的更新换代,技术改造等问题的决策。

2)战术决策

战术决策又称管理决策,是指为了实现战略目标而做出的带有局部性的具体决策,主要由中层管理者来行使。战术决策目的是实现组织中各环节的高度协调和资源的合理使用。

例如,企业生产计划和销售计划的制订、设备的更新、新产品的定价以及资金的筹措等问题的决策都属于战术决策。

3) 业务决策

业务决策又称执行性决策,是指在日常业务活动中为了提高效率所做的决策,是作业性决策、初级决策。例如,工作任务的日常分配和检查、工作进度的安排和监督、岗位责任制的制定和执行、库存的控制及材料的采购等问题的决策都属于业务决策。

2. 确定型决策、风险型决策和不确定型决策

根据决策的可靠程度不同,可划分为确定型决策、风险型决策和不确定型决策。

1) 确定型决策

确定型决策是指各种可行方案的条件都是已知的,并能较准确地预测它们各自的后果,易于分析、比较和抉择的决策。在确定型决策中,决策者确切知道自然状态的发生,每个方案只有一个确定的结果,最终选择哪个方案取决于对各个方案结果的直接比较。

2) 风险型决策

风险型决策是指各种可行方案的条件大部分是已知的,但每个方案都可能出现几种结果,各种结果的出现有一定的概率。决策的结果只有按概率来确定,决策存在着风险。在风险型决策中,自然状态不止一种,决策者不能知道哪种自然状态会发生,但能知道存在多少种自然状态及每种自然状态发生的概率。

3) 不确定型决策

不确定型决策是指每个方案的执行都可能出现不同的结果,但是各种结果出现的概率是未知的,完全凭决策者的经验、感觉和估计做出的决策。在不确定型决策中,决策者可能不知道有多少种自然状态,即便知道,也不能知道每种自然状态发生的概率。

3. 程序化决策和非程序化决策

根据决策问题出现的重复程度不同,可划分为程序化决策和非程序化决策。

1) 程序化决策

程序化决策是指经常重复发生的,能按原已规定的程序、处理方法和标准进行的决策,主要解决例行问题。例行问题是指那些重复出现的、日常的问题,如管理者日常遇到的产品质量、设备故障、现金短缺、供货单位未按时履行合同等问题。

2) 非程序化决策

非程序化决策是指具有极大偶然性、随机性,又无先例可循,并且具有大量不确定的决策,其方法和步骤也难以程序化、标准化,不能重复使用,主要解决例外问题。例外问题是指那些偶然发生的、新颖的、性质和结构不明的、具有重大影响的问题,如组织结构变化、重大投资、开发新产品或开拓新市场、长期存在的产品质量隐患、重要的人事任免及重大政策的制定等问题。

4. 集体决策和个人决策

根据决策主体的不同,可划分为集体决策和个人决策。

1) 集体决策

集体决策是指多人一起做出的决策。集体决策更适于复杂的、重要的和需要有关人员

广泛接受的决策。集体决策的优势体现在能更大范围地汇总信息;能拟定更多的备选方案;能得到更多的认同;能更好地沟通;能做出更好的决策等。集体决策的局限性体现在决策比较耗时,决策过程比个体决策更长,成本更高,时效性低;在"小团体意识"的作用下,集体成员承受着避免争论的压力,导致"群体思维"现象,可能通过的是妥协的决策。

2) 个人决策

个人决策是指单人做出的决策。个体决策的特点是速度快、效率高,但其质量可能会受到决策者个人的思维方式、知识结构、经验及视野等因素的影响,不能保证决策的质量。个人决策比较适合于简单的、次要的和不需要达成一致的决策。

5. 长期决策与短期决策

根据决策涉及时间的长短不同,可划分为长期决策与短期决策。

1) 长期决策

长期决策又称长期战略决策,是指有关组织今后发展方向的长远性、全局性的重大决策,如对投资方向的选择、人力资源的开发和组织规模的确定等问题的决策都属于长期决策。

2) 短期决策

短期决策又称短期战术决策,是指为实现长期战略目标而采取的短期策略手段,如对企业日常营销、物资储备以及生产中资源配置等问题的决策都属于短期决策。

二、科学决策

(一) 决策过程

决策过程是指从问题提出到方案确定所经历过程。科学的决策过程是保证决策正确的重要因素。决策一般要经过以下过程,如图 2-4 所示。

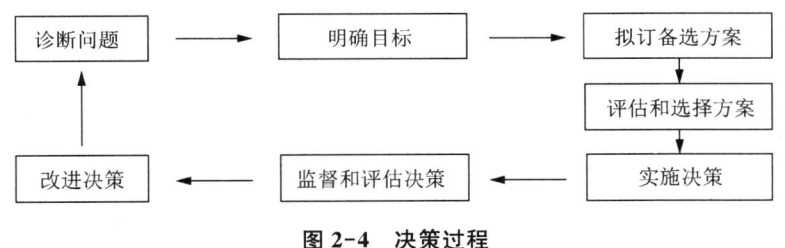

图 2-4 决策过程

1. 诊断问题

没有问题就无法决策,决策者必须知道哪里需要行动,所以决策过程的第一步是诊断问题。一个组织中总是有很多的问题,如如何选择投资项目、如何解决资金流动不畅等问题。仅仅将问题提出来是不够的,还必须在提出问题的基础上对众多的问题进行分析,以明确问题的性质,确定问题的层次,避免被众多的一般性问题所缠绕而影响对重大问题的决策。在这一步骤中,管理者必须特别注意要尽力获得精准的、可信赖的信息,并正确地解释它。同时需要注意处在控制之外的因素也会对机会和问题的识别产生影响,从而尽可能精准地诊断问题和机会。

2. 明确目标

诊断问题后还应明确决策目标即问题能否解决、解决的程度以及要达到什么目标。决策目标既是制定决策方案的依据,又是评价决策执行效果的标准。

决策目标首先必须正确,这是决策正确的航标。目标所体现的正是组织所要获得的结果,因此所要结果的数量和质量都要明确,因为目标的这两个方面都最终指导决策者选择合适的行动路线。

决策目标其次是制定必须合理、可行。该目标既能够达到,又必须经过努力才能够达到。管理的实践经验已证明,保持一定的工作压力是必要的,而形成工作压力的主要途径就是决策的目标和计划指标。

3. 拟订备选方案

为确保决策的合理性与正确性,在决策过程中必须提供多个备选方案,以供管理者选择。拟订备选方案的过程需要管理者发挥丰富的创造力和想象力。由于资源及成本等条件的限制,备选方案并不是越多越好。备选方案应是概括性、典型性和代表性的几个可能的方案。概括性是指所拟订的备选方案包括了所有可能的方案。典型性和代表性是指各方案之间互相排斥。拟订备选方案时可遵循以下原则:

第一,要紧紧围绕所要解决的问题和决策目标。

第二,依据已经具备和经过努力可以具备的各种条件。

第三,充分发挥积极性、创造力和丰富的想象力,彻底放弃固有的思维定式,从多种角度审视问题,这意味着管理者要善于征询他人的意见。

4. 评估与选择方案

每个可行性方案,都会对目标的实现发挥某种积极作用和影响,也会产生风险,所以必须对每个可行方案进行可行性分析研究。决策方案不但必须在技术上可行,而且应当考虑社会、政治、道德等方面的因素,还要使决策后果的风险缩小到可被允许的范围。

决策者通常用四个标准来对备选方案的正反两个方面进行评价。第一,合法性。管理者必须确保备选方案是合法的,不违反国内、国际法律以及政府规定。第二,合乎伦理。管理者必须确保备选方案是合乎伦理道德的,不会对任何利益相关者带来不必要的损害。第三,经济可行性。管理者必须确定备选方案在经济上是否可行,即在组织的既定目标下,备选方案能否被完成。第四,实用性。管理者必须确定它们是否拥有实施备选方案的资源和能力,并确保备选方案的实施不会影响到其他组织目标的实现。

决策方案的评估与选择,首先要使用预定的决策标准,其次仔细考虑每种方案的预期成本、收益、不确定性和风险,最后对方案进行选择时要充分考虑各种可能的限制因素和条件,特别要重视各种方案可能产生的后果,然后对各种方案进行排序,最终选择出一个合理的方案,而不是一个最佳方案。

方案选择时应注意以下几点:

第一,任何方案均有风险。

第二,不要一味追求最佳方案。选择方案时,不能以最理想的方案作为目标,而只能以足够好地达到组织目标的方案作为准则,即在若干备选方案中选择一个合理的方案。

第三,在最终选择时,允许不做任何选择,不选择也是一种方案。

5. 实施决策

选定决策方案并不意味着决策过程的结束,只有将决策转化为现实的行动,才能实现决策的目标。

方案选定后,要制定出实施方案的具体措施和步骤:一方面,采用目标管理方法,将目标层层分解与落实,明确相应责任,确保决策方案的顺利实施。另一方面,决策者应通过各种渠道将决策方案向组织成员通报,确保所有责任部门及岗位的有关人员能彻底理解方案实施的意义、具体目标及其详细步骤,争取更多的成员参与决策,了解决策,以便更好地实施决策。

在实施的过程中,管理者要对环境进行重新评估,以发现是否存在变化,尤其是面临一项长期决策时。

6. 监督和评估决策

一个方案可能涉及较长的时间。当初的决策无论考虑得多么仔细和周详,总会有疏漏和不当之处。随着决策实施活动的开展,组织内外部环境都在发生着改变,加上一些不可控因素的作用,使得当初做方案决策时所依据的环境条件可能会与方案执行时的环境条件出入很大。管理者为此要不断地对方案进行修改和完善,以适应变化的形势。连续性活动因涉及多阶段控制而需要定期的分析,所以在决策的实施过程中,有关职能部门需要定期地根据目标和计划对各层次、各岗位的方案执行情况进行检查和监督,并将信息反馈给决策者。决策者根据反馈信息对偏差部分及时采取有效措施,对目标无法实现的应重新确定目标,拟订可行方案,并进行评估、选择和实施。

7. 改进决策

在决策实施过程中,组织通过监督和评估决策,可以对决策实施的过程和情况进行总结。通过总结决策经验,既可以明确功过,确定奖惩,也可以使自身的决策水平得到进一步提高,不断改进决策。

总结决策的经验教训不是几个决策者的事情,有必要发动决策的执行者、决策方案的审评者和决策方案制定者参加,从各自的观点、立场改进决策,以提高决策水平。

(二) 影响决策的因素

组织决策是一定环境条件下通过组织成员的参与而进行的,所以决策过程会受到组织内外各方面因素的影响。影响组织决策的主要因素有以下几点。

1. 外部环境因素

1) 环境的特点影响着组织决策的内容和频率

从组织决策的内容来看,处于垄断市场中的组织,决策重点通常放在内部市场条件的改善、生产规模的扩大及生产成本的降低上。相反,处在竞争性市场上经营的组织,则经常需要密切注视竞争对手的动向,不断推出新产品,努力改善对顾客的服务,建立和健全营销网络。

就决策的频率而言,面临稳定环境的组织,与面临市场急剧变化环境条件的组织相比,需要对其经营活动做重大的调整要少得多。

2) 环境中的其他行动者及其决策也会对组织决策产生影响

因为处在同一环境中的相关组织之间本来就是相互影响、相互牵制和相互作用的,所以环境中的其他行动者及其决策也会对组织决策产生影响。例如,竞争者的降价决策会迫使本企业制定相应的反应对策。尤其是同处于一个战略群中的采用同种竞争战略的企业,其决策具有很强的相互关联性,任何一方的决策就不能无视特定环境中的可能反应而独立地制定。

2. 内部因素

1) 组织自身的因素

(1) 组织文化。组织文化对决策的影响主要体现在以下两个方面:

第一,组织文化制约着包括决策制定者在内的所有组织成员的思想和行为。组织文化通常是由组织创办者所建立并在组织多年运行中逐步成型和巩固下来的。组织特定的思想和行为模式一旦形成,就会强烈地限制人们对行动方案的选择及进行选择的方式。管理者在制定决策过程中,其思想和行为方式也不免要受到所在企业组织文化的影响。所以,组织在进行变革尤其是重大战略变革时,决策者需要保持其思想和行为的独立性,而不要被不适应组织发展需要的现有组织文化所同化;否则,他们的决策就很难做到真正的创新和突破。

第二,组织文化通过影响人们对改变的态度而发生作用。任何新的决策的制定,都是对过去在某种程度上的否定;任何决策的实施,都会给组织带来某程度的变化。组织成员对这种可能产生的变化会怀有抵御或欢迎两种截然不同的态度。在具有开拓、创新、进取氛围的组织中,人们总是以发展的眼光来分析决策的合理性,总是希望在可能发生的变化中得到什么,因此会渴求、欢迎变化并竭力予以支持。相反,在偏向保守、怀旧、维持的组织中,人们根据过去的标准来判断现在的决策,总是担心在变化中会失去什么,从而对将要发生的变化产生怀疑、害怕和抵御的心理和行为。显然,欢迎变化的自主文化有利于新决策的提出和实施。抵御变化的组织文化则可能给任何新决策的实施带来灾难性的影响。在后一种情况下,为了有效实施新的决策,必须首先通过大量工作改变组织成员的态度,建立一种有利于变化的组织文化。所以决策方案的选择要考虑到改变现有组织文化而必须付出的时间和费用的代价。

(2) 组织的过去决策。组织的决策或多或少都要受到过去决策的影响。在大多数情况下,组织决策不是在一张白纸上进行初始的决策,而是对原有决策加以完善、调整或改革。过去的决策是组织目前决策的起点;过去方案的实施,给组织内外部环境带来了不同程度的变化,进而对"非零起点"的决策产生影响。

过去的决策对目前决策的制约程度,主要受到过去决策与现任决策者关系的影响。如果过去的决策是由现在的决策者制定的,决策者会倾向于继续把组织大部分资源投入到过去行动方案的执行中,以此证明自己曾做出的决策还是正确的。相反,如果组织现任决策者与过去的决策没有关系,那么他对于较大程度的变革更容易接受。所以,组织高层领导者的更替是组织推行重大战略变革的前奏。

（3）组织的信息化程度。组织的信息化程度影响着决策的效率。信息化程度高的组织拥有较先进的信息技术，可以快速获取高质量的信息。除此之外，在这样的组织中，决策者一般掌握着较先进的决策手段。高质量的信息与先进的决策手段有利于决策者快速做出科学的决策。

（4）组织对环境的应变模式。对于一个组织而言，其对环境的应变是有规律可循的。随着时间的推移，这种应变方式趋于稳定，形成组织对环境特有的应变模式，而这种调整组织与环境关系的模式一旦形成，就会趋于稳固，限制决策者对行动方案的选择。

2）决策者的因素

（1）决策者对风险的态度。决策者对风险的态度会影响其对决策方案的选择。人们对待风险的态度有三种类型：风险喜好型、风险厌恶型和风险中立型。风险喜好型的决策者通常会未雨绸缪，会在被迫对环境做出反应之前就采取进攻性的行动，选择风险较大的方案；风险厌恶型的决策者，通常只会对环境做出被动的反应，事后应变，选择风险较小的方案；风险中立型的决策者会选择安于现状，选择保守的方案。

（2）决策者的能力。决策者个人能力也会对决策产生影响。如果决策者个人能力比较突出，如决策者的信息获取能力、沟通能力、组织能力和对问题的分析能力较强，则更容易做出高水平的决策，其做出的决策更易实现，实施效果也会更好。

3）决策问题的因素

（1）决策的时间紧迫性。美国学者威廉·金和大卫·克里兰把决策划分为时间敏感性决策和知识敏感性决策。时间敏感性决策是指那些必须迅速而尽量准确做出的决策。战争中军事指挥官的决策多属于此类。这种决策对速度的要求高于决策质量。如日常生活中，当一个人站在马路当中看到一辆疾驶的汽车向他冲来时，关键就是要迅速地跑开，至于跑向马路的左边还是右边，相对于及时行动来说则显得次要。

知识敏感性决策对时间的要求不是非常严格。其效果主要取决于决策质量，而非决策速度。所以制定这类决策时，就要求人们充分利用知识，做出尽可能正确的选择。组织中的战略决策大多属于知识敏感性的决策。

（2）决策问题的重要性。决策问题的重要性也影响着决策。重要性不高的问题多为例行问题，对决策者的要求不高，一般为程序化决策。重要性高的问题多为例外问题，对决策者的要求较高，一般为非程序化决策。重要性高的决策问题会引起高层管理者的重视，决策分析时需要慎重。

三、决策方法

（一）定性决策方法

定性决策方法又称决策的"软"方法，是指在决策过程中，决策者根据已掌握的情况和现有资料，直接利用专家们的知识、经验和组织规章制度，提出决策目标和实施目标，并做出评价和选择的方法。在进行非规范化问题的决策时，经常运用此类方法。此方法简单易行，经济方便,通用性强,同时还可以提高专家们的工作热情。但是此方法主要是依靠决策者知识、经验、直觉来决策,缺乏严格认证,容易产生主观性,而且易受决策者个人倾向的影响。定性决策方法主要有头脑风暴法、德尔菲法、名义小组法和电子会议法等。

1. 头脑风暴法

头脑风暴法是将对解决某一问题有兴趣的人集合在一起,在完全不受约束的条件下,敞开思路,畅所欲言。该方法是由美国创造学家亚历克斯·奥斯本于1953年首次提出的一种激发思维的方法,其目的是产生新观念或激发新设想。它是一种比较常用的决策方法。

1) 头脑风暴法的实施步骤

(1) 准备阶段。事先对所议问题进行一定的研究,弄清问题的实质,找到问题的关键,设定解决问题所要达到的目标。同时选定参加会议人员,一般以5~10人为宜,人数不宜太多,然后将会议事宜提前通知参会人员,让大家事先做好发言准备。

(2) 热身阶段。这个阶段的目的是创造一种自由、宽松、祥和的氛围,使大家得以放松,进入一种无拘无束的状态。先由有趣的话题或问题开始,让大家的思维处于轻松和活跃的境界,随后轻松导入会议议题。

(3) 明确问题阶段。在这个阶段,主持人扼要地介绍有待解决的问题。介绍时须简洁、明确,不可过分周全;否则,过多的信息会限制人的思维,干扰与会人员思维创新的想象力。

(4) 重新表述问题阶段。经过简单讨论后,大家对问题已经有了一定的理解,这时,为了使大家对问题的表述能够具有新角度和新思维,主持人可重新表述问题。

(5) 畅谈阶段。畅谈是头脑风暴法的创意阶段。组织方应引导与会人员自由发言、自由想象、自由发挥,使彼此相互启发,相互补充,真正做到知无不言、言无不尽、畅所欲言,然后将会议发言记录进行整理。为了使大家能够畅所欲言,需要制定规则:第一,不要私下交谈,以免分散他人注意力;第二,不妨碍他人发言,不去评价他人发言,每人只谈自己的想法;第三,发表见解时要简单明了,一次发言只谈一种见解。

(6) 筛选阶段。会议结束后的一两天内,组织方应向与会人员了解大家会后的新想法和新思路,以此补充会议记录,然后将大家的想法整理成若干方案进行筛选。经过多次反复比较和优中择优,最后确定1~3个较理想的方案。这些较理想的方案往往是多种创意的优势组合,是大家集体智慧综合作用的结果。

2) 头脑风暴法在实施过程中应遵从的四项基本原则

第一,对别人的建议不做任何评价,将相互讨论限制在最低限度内。

第二,越多越好。参与者不要考虑自己建议的质量,想到什么就应该说什么。

第三,每个人独立思考,广开思路,想法越新颖越好。

第四,补充和完善已有的建议以使它更具有说服力。

实践证明,头脑风暴法确实能激发人的创造性思维,可以有效地发挥集体智慧,但是此方法实施的成本较高,并且要求参与者有较好的素质。

2. 德尔菲法

德尔菲法又称专家意见法,是由美国兰德公司提出的。此方法依据系统的程序,采用匿名发表意见的方式,即专家之间不得互相讨论,不发生横向联系,只能与调查人员联系。通过多轮次调查专家对问卷所提问题的看法,经过反复的征询、归纳、修改,最后汇总成专家基本一致的看法,作为预测的结果。

德尔菲法实施步骤如下：
(1) 设法取得有关专家的合作。
(2) 把要解决的问题分别告诉专家们,请他们单独发表自己的意见并形成书面材料。
(3) 管理者收集并综合专家们的意见,再把综合意见反馈给各位专家,请他们再次进行分析并发表意见。
(4) 如此反复多次,最终形成代表专家组意见的方案。

在运用该方法过程中应注意几点：一是选择好专家,这主要取决于决策所涉及的问题和机会的性质；二是决定适当的专家人数,一般10～30人较好；三是提前拟订好意见征询表。

德尔菲法采用专家匿名发表意见的方式,具有广泛的代表性,较为可靠。其主要的缺点是过程较复杂,所需时间较长。

3. 名义小组法

名义小组法适用于对问题的性质不完全了解,决策过程中意见分歧较严重的情形。在这种方式下,小组成员互不通气,也不在一起讨论、协商,只是名义上的小组,但可以有效地激发个人的创造力和想象力。

名义小组法实施步骤如下：
(1) 组织者先召集有关人员,把要解决的问题的关键内容告诉他们,并请他们独立思考,要求每个人把自己的备选方案和意见记录下来。
(2) 召开会议,按顺序陈述意见,以便把每个想法都弄清楚。
(3) 在此基础上,再对所有方案进行投票和排序,得出方案意见提交管理者作为决策参考。管理者最后仍有权决定是接受还是拒绝这一方案。

名义小组法使群体成员正式开会但不限制每个人独立思考,且又不像互动群体那样限制个体的思维,传统的会议方式往往做不到这一点。

4. 电子会议法

电子会议法是一种名义小组法与复杂的计算机技术结合的群体决策方法。使用这种方法时,应先将参会成员集中起来,每人面前有一个与中心计算机相连接的终端。参会成员将自己有关解决决策问题的方案输入计算机终端,然后再将它投影在大型屏幕上。

电子会议法具有如下特点：第一,匿名。参与公共政策决策咨询的专家采取匿名的方式将自己的决策方案提出来,参与者只需要把个人的想法输入键盘就行了。第二,可靠。每个人做出的有关解决公共问题的政策建议都能如实地、不会被改动地反映在大屏幕上。第三,快速。在使用计算机进行政策咨询时,不仅没有闲聊,而且人们可以在同一时间中互不干扰地交换见解,要比传统的面对面的决策咨询的效率高出许多。

实践证明,电子会议法比传统的面对面的会议效率有较大的提高。例如,佛尔普斯·道奇采矿公司采用电子会议法使年度计划会议由几天缩短到12小时。虽然这种方法现在正处于幼年阶段,但是未来的群体决策很可能会广泛地采用电子会议法。

电子会议法也有其局限性:第一,对那些善于口头表达,而运用计算机的技能却相对较差的专家来说,电子会议法会影响他们的决策思维。第二,在运用这种预测方法时,由于是匿名,因而无法对提出好的政策建议的人进行奖励。第三,人们只是通过计算机来进行决策咨询的,从而是"人机对话",其沟通程度不如"人人对话"那么深刻与到位。

以上几种定性决策方法比较如表2-4所示。

表2-4 定性决策方法的比较

效果标准/决策方法	头脑风暴法	德尔菲法	名义小组法	电子会议法
观点的数量	中	高	高	高
观点的质量	中	高	高	高
社会压力	低	低	中	低
财务成本	低	低	低	高
决策速度	中	低	中	高
任务导向	高	高	高	高
潜在的人际冲突	低	低	中	低
成就感	高	中	高	高
对决策结果的承诺	不适用	低	中	中
群体凝聚力	高	低	中	低

(二)定量决策方法

定量决策方法也称决策的"硬"方法,是指建立在数学模型的基础上的决策方法。其核心是把决策的变量与变量,变量与目标之间的关系用数学模型表示出来,然后根据决策的条件,通过计算工具运算,求得决策答案。此方法提高了决策的准确性、最优性和可靠性,但是在许多决策问题中,有些变量是无法定量的。定量决策方法主要有确定型决策、风险型决策和不确定型决策方法。

1. 确定型决策

确定型决策是指决策问题所处的环境是确定的,每一个方案只有一个结果,决策者只需从备选方案中选择经济效果最好的方案。

确定型决策方法主要有线性规划法和盈亏平衡分析法两种。

1) 线性规划法

线性规划法是指在一些线性等式或不等式的约束条件下,求解线性目标函数的最大值和最小值的方法。它是在相互关联的多变量约束条件下,求解一个对象的目标函数的最大值或最小值的方法。此方法广泛地应用于产品制造、原料分配、人员配置计划、运输计划和投资决策等方面。其本质是寻求如何使用有限资源获得最大的效果,或用最小的代价完成一项给定的任务。

决策变量、约束条件和目标函数是线性规划的三要素。约束条件是指实现目标的能力资源和内部条件的限制因素,用一组等式或不等式表示。目标函数是指决策者要达到的目标的数学描述,用最大值或最小值表示。

从实际问题中建立数学模型一般有以下四个步骤:

(1) 根据影响目标的因素找到决策变量。

(2) 由决策变量所受到的限制条件确定决策变量所要满足的约束条件。

(3) 由决策变量和目标之间的函数关系确定目标函数。

(4) 找到使目标函数达到最优的可行解,即为该线性规划的最优解。

【例 2-2】 致远公司计划生产 A、B 两种产品,每种产品均需要使用材料甲和乙,其加工用量与单位产品的利润数据如表 2-5 所示。试问何种组合的产品使企业利润最大?

表 2-5　　　　　　　单位加工用量与单位产品的利润数据　　　　　　金额单位:万元

材料/产品	A	B	计划期的材料用量
甲(吨)	4	4	24
乙(吨)	2	4	16
单位产品的利润	4	6	

用线性规划法求解:

(1) 假设决策变量:设 X、Y 依次为产品 A、B 的产量,Z 为企业的利润。

(2) 列出约束方程如下:

$$\begin{cases} 4X + 4Y \leqslant 24 \\ 2X + 4Y \leqslant 16 \end{cases}$$

(3) 建立目标函数

$$\max Z = 4X + 6Y$$

(4) 求解得:

$$X = 4, Y = 2 \quad \max Z = 28$$

即当 A 产品产量为 4 吨,B 产品产量为 2 吨时,致远公司可获得最大利润为 28 万元。

2) 盈亏平衡分析法

盈亏平衡分析法也称为量本利分析法,是指通过分析产品数量、生产成本和销售利润这三者的关系,掌握盈亏变化的规律,分析决策方案对企业盈亏产生的影响来评价和选择决策方案。

盈亏平衡分析法的基本原理是在盈亏平衡点上,成本与收入相等,既无利润也无亏损。当销售量或销售收入超过该点时,企业将盈利;低于该点时,企业则发生亏损,所以盈亏平衡分析法的关键点是计算出盈亏平衡点。盈亏平衡点也称为保本点,是指企业既不盈利也不亏损即销售收入与总成本相等时的产(销)量。

在这里我们假设企业利润是销售收入扣除生产成本以后的剩余部分,同时假设企业的产量正好等于销量,企业盈亏平衡时也就是销售收入等于总成本时。用公式来表示,即:

$$P \cdot Q = F + V \cdot Q$$

公式中,P 表示产品销售价格;Q 表示产(销)量;F 表示固定成本总额;V 表示单位可变成本。此时,企业该种产品的产(销)量称为保本产(销)量,企业取得的收入称为保本收入。

【例 2-3】 致远公司生产某种产品的固定成本总额为 40 000 元,单位可变成本为 5 元,单位产品销售价格为 10 元。如果某方案里的产量是 10 000 件,请问该方案是否可取?如果可取请计算出该方案带来利润是多少?

解:根据题意,可列方程求出盈亏平衡点即保本产量

$$P \cdot Q = F + V \cdot Q \quad 即 \quad 10Q = 40\,000 + 5Q \quad 解得 \quad Q = 8\,000(件)$$

因为方案里的产量是 10 000 件,大于保本产量 8 000 件,因此可知该方案可行。该方案带来的利润(R):

$$R = P \cdot Q - F - V \cdot Q = 10 \times 10\,000 - 40\,000 - 5 \times 10\,000 = 10\,000(元)$$

2. 风险型决策

风险型决策是指各种备选方案的自然状态有若干种,决策者不知道哪种自然状态会出现,但能了解到共有几种可能的自然状态,并且可根据掌握的资料推断各种自然状态发生的概率的决策。比较常用的风险型决策方法是决策树法。

决策树法是指借助于树形分析图,根据各种自然状态出现的概率及方案预期损益,计算比较各方案的期望值,从而抉择最优方案的方法。

决策树是以方块"□"、圆圈"○"和三角形"△"为结点,并由直线连接而成的一种形状如树枝的结构图。方块结点是决策结点,由它引出若干树枝,每条树枝代表一个方案,称为方案枝。圆圈结点是状态结点,它表示方案将会遇到的不同状态,由它引出若干树枝,表示不同的自然状态,故称为概率枝。在概率枝的末端列出不同状态下的损益值。损益值是结果结点,用三角形结点表示。

决策树法的基本步骤是:先从左向右画出决策树图形;再根据损益值和概率枝所示的概率计算各种状态下的期望值;然后加以比较,选出最优方案,舍弃的方案用剪枝办法,标上"//"记号,决策点只留下一条树枝,即决策中的最优方案。此法简单直观,便于应用,特别适用于多级决策问题。应用此方法能清晰地表示出不同方案在不同自然状态下的结果,便于集体决策,避免主观臆断,对比较复杂的问题尤为有效。

【例 2-4】 致远公司计划生产某种新产品,现有两个互斥的可选方案。

方案一:对原有设备进行技术改造,需投资 600 万元,如果销路好,每年可获利 120 万元;如果销路不好,每年可获利 60 万元。

方案二:引进一条生产线,需要投资 700 万元,建成后如果销路好,每年可获利 170 万元;如果销路不好,每年要亏损 40 万元。

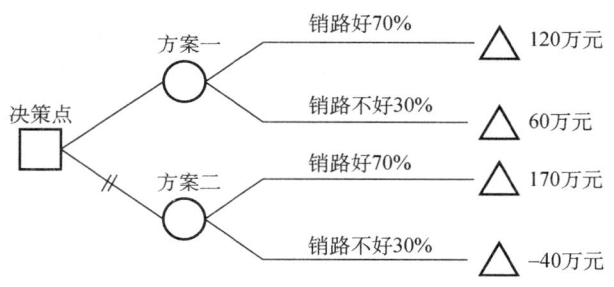

图 2-5　两种方案决策树示意图

假设销路好的可能性为 70%，销路不好的可能性为 30%，资产的使用期为 10 年，在不考虑税收、资金时间价值的情况下，请选择一个可行的方案。

解：先绘制决策图，如图 2-5 所示。根据决策树图上的数据可计算出各方案的期望值。

方案一的期望值为：

$$(120\times70\%+60\times30\%)\times10-600=420(万元)$$

方案二的期望值为：

$$(170\times70\%-40\times30\%)\times10-700=370(万元)$$

计算结果表明，方案一的期望值大于方案二的期望值，所以在不考虑税收、资金时间价值的情况，应该选择方案一作为实施方案。

3. 不确定型决策

不确定型决策是指决策者对未来的自然状态不能做出明确的估计，即不知道未来可能出现的情况有多少种，或虽然能了解到未来可能出现的自然状态的数量，但却无法预测到这些自然状态发生的概率，在评价比较方案时，只能依据主观选择一些原则来进行。常用的不确定型决策方法有乐观法（大中取大法）、悲观法（小中取大法）和最小最大后悔值法（大中取小法）。下面通过举例来介绍这些方法。

【例 2-5】　致远公司计划生产某种新产品，产品销路有三种情况：销路较好、销路一般和销路较差。生产该产品有三种方案：方案一是与其他企业合作，方案二是新建生产线，方案三是改进生产线。根据有关资料可估计各方案在不同情况下的收益如表 2-6 所示。请问企业应选择哪种方案？

表 2-6　　　　　　　　　　各方案在不同情况下的收益　　　　　　　金额单位：万元

方案/自然状态	销路较好	销路一般	销路差
方案一：与其他企业合作	120	100	40
方案二：新建生产线	300	150	−20
方案三：改进生产线	260	120	−10

1) 乐观法

乐观法也称大中取大法，采用这种方法的管理者对未来持乐观的看法，认为未来会出现最好的自然状态。管理者决策时,找出每个方案在各种自然状态下的最大收益值,然后进行比较,从这些最大的收益值中再挑选出一个收益最大的收益值,其所对应的方案即为合理方案。

本题中,方案一的最大收益值是120万元,方案二的最大收益值是300万元,方案三的最大收益值是260万元。经过比较,方案二的最大收益值最大,所以应选择方案二。

2)悲观法

悲观法也称小中取大法,采用这种方法的管理者对未来持悲观的看法,认为未来会出现最差的自然状态。决策时 找出每个方案在各种自然状态下的最小损益值,然后进行比较,从这些最小的损益值中再挑选出一个收益最大或损失最小的损益值,其所对应的方案即合理方案。

本题中,方案一的最小损益值是40万元,方案二的最小损益值是-20万元,方案三的最小损益值是-10万元。经过比较,方案一的收益最大,所以应选择方案一。

3)最小最大后悔值法

最小最大后悔值法也称大中取小法,管理者计算各方案在各种自然状态下的后悔值,列出后悔值表,然后找出每一方案在各种自然状态下后悔值的最大值,从这些最大的后悔值中再挑选出一个最小后悔值,其所对应的方案为合理方案。后悔值即机会损失值,指在一定自然状态下由于未采用最好的行动方案,失去了取得最大收益的机会而造成的损失。

从表2-6可知,各个方案的后悔值计算结果如表2-7所示。

表2-7　　　　　　　各方案在自然状态下的后悔值　　　　　　金额单位:万元

方案/自然状态	销路较好	销路一般	销路差
方案一:与其他企业合作	180	50	0
方案二:新建生产线	0	0	60
方案三:改进生产线	40	30	50

从表2-7的计算结果可以看出,方案一的最大后悔值是180万元,方案二的最大后悔值是60万元,方案三的最大后悔值是50万元。经过比较,方案三的最大后悔值最小,所以应选择方案三。

项 目 测 试

姓名_____ 学号_____ 成绩_____

一、单选题

1. 计划职能的主要任务是确定(　　)。
   A. 组织的领导方式
   B. 组织结构
   C. 组织的目标及实现目标的途径
   D. 组织目标的实现程度

2. 计划是对未来行动的任务、目标、方法和措施等做出的预见性确认,这体现了计划的(　　)。
   A. 预见性　　　　　　　　　B. 目的性
   C. 首要性　　　　　　　　　D. 弹性

3. 期限不超过1年的计划是(　　)。
   A. 中期计划　　　　　　　　B. 短期计划
   C. 长期计划　　　　　　　　D. 战略计划

4. "跳一跳,摘桃子",说明目标必须具有(　　)。
   A. 可接受性　　　　　　　　B. 可考核性
   C. 挑战性　　　　　　　　　D. 多样性

5. (　　)一般超过5年,它主要回答两个问题:一是组织的长远目标和发展方向是什么,二是怎样达到本组织的长远目标。
   A. 长期计划　　　　　　　　B. 短期计划
   C. 战略计划　　　　　　　　D. 中期计划

6. 在行动或工作之前预先拟定组织目标和行动方案是管理的(　　)职能。
   A. 计划　　　　　　　　　　B. 组织
   C. 控制　　　　　　　　　　D. 领导

7. 在组织内部,计划普遍存在于组织内的各层次和各部门中,每一个管理者都要制定计划并执行计划。这体现了计划的(　　)性质。
   A. 预见性　　　　　　　　　B. 普遍性
   C. 首要性　　　　　　　　　D. 弹性

8. (　　)是指一种用数字表示预期结果的报告书,是一种特殊的计划形式,也称为"数字计划"。
  A. 预算   B. 具体性计划
  C. 弹性计划   D. 指导性计划

9. 目标管理创始于 20 世纪 50 年代的（   ）。
  A. 德国   B. 日本
  C. 英国   D. 美国

10. 目标管理的特点是（   ）。
  A. 强调管理   B. 强调过程控制
  C. 参与式管理   D. 权力集中

11. 计划功能的使命是使决策方案（   ）。
  A. 整体化   B. 稳定化
  C. 连续化   D. 具体化

12. 目标管理的基本精神是（   ）。
  A. 以自我管理为中心
  B. 以监督控制为中心
  C. 以岗位设置为中心
  D. 以人员编制为中心

13. （   ）涉及的内容是多方面的，它关联整个组织和组织中的许多方面。
  A. 综合计划   B. 部门计划
  C. 项目计划   D. 长期计划

14. 计划是在预测未来环境变化的基础上制订的，不可能百分之百准确。这体现了计划（   ）性质。
  A. 预见性   B. 普遍性
  C. 首要性   D. 弹性

15. 目标管理最突出的特点就是强调（   ）。
  A. 计划与执行相分离   B. 过程管理和全面控制
  C. 成果管理和自我控制   D. 自我考评和全面控制

16. 下列各项中，不属于滚动计划法优点的是（   ）。
  A. 使计划更加切合实际，提高了计划的准备性，更好地发挥了计划的指导作用，并使战略性计划的实施更加切合实际
  B. 使短期计划、中期计划和长期计划有机地结合在一起，并根据环境的变化对其进行及时地调节，能使各期计划基本保持一致
  C. 提高了计划的弹性，可以有效规避风险，适应竞争需要，提高组织应变力
  D. 计划编制和实施工作的任务量大

17. （   ）能把整个项目的各个项目的时间顺序和相互关系清晰表明出来，并指出了完成任务的关键环节和路线。

A. 目标管理法 B. 滚动计划法
C. 网络计划技术 D. 德尔菲法

18. (　　)是指应用于整体组织的、为组织未来较长时期(通常为5年以上)设立总体目标和寻求组织在环境中的地位的计划。

　　A. 战略计划 B. 战术计划
　　C. 具体性计划 D. 指导性计划

19. 计划制订中的滚动是动态的、灵活的,它的主要特点是(　　)。

　　A. 按前期计划执行情况和内外环境变化,定期修订已有计划
　　B. 不断逐期向前推移,使短、中期目标有机结合
　　C. 按"近细远粗"的原则来制订,避免对不确定性远期计划过早安排
　　D. 以上三个方面都是

20. 经常重复发生的,能按原已规定的程序、处理方法和标准进行的决策是(　　)。

　　A. 程序化决策 B. 非程序化决策
　　C. 业务决策 D. 确定型决策

21. 下列各项中,不属于定量决策方法的是(　　)。

　　A. 确定型决策方法 B. 风险型决策方法
　　C. 不确定型决策方法 D. 电子会议法

22. 下列各项中,属于确定型决策方法的是(　　)。

　　A. 决策树法 B. 线性规划法
　　C. 悲观法 D. 乐观法

23. 确实能激发人的创造性思维,可以有效地发挥集体智慧的决策方法是(　　)。

　　A. 名义小组法 B. 决策树法
　　C. 头脑风暴法 D. 盈亏平衡法

24. 通过分析生产成本、销售利润和产品数量这三者的关系,掌握盈亏变化的规律,分析决策方案对企业盈亏产生的影响来评价和选择决策方案的决策方法是(　　)。

　　A. 决策树法 B. 线性规划法
　　C. 盈亏平衡法 D. 乐观法

25. 采用(　　)的管理者对未来持悲观的看法,认为未来会出现最差的自然状态。

　　A. 大中取大法 B. 小中取大法
　　C. 最小最大后悔值法 D. 名义小组法

26. (　　)是指直接关系到组织生存和发展的全局性、长远性的决策。

　　A. 战略决策 B. 战术决策
　　C. 业务决策 D. 确定型决策

27. (　　)是指各种可行方案的条件大部分是已知的,但每个方案的执行都可能出现几种结果,各种结果的出现有一定的概率,决策的结果只有按概率来确定,决策存在着风险。

A. 确定型决策方法 B. 风险型决策方法
C. 不确定型决策方法 D. 名义小组法

28. 为了实现战略目标而做出的带有局部性的具体决策是( )。
   A. 战略决策 B. 战术决策
   C. 业务决策 D. 确定型决策

29. 采用最大后悔值中最小的方案进行决策时,其立足点是( )。
   A. 损失最小 B. 收益最大
   C. 后悔值最小 D. 成本最低

30. 某企业决定生产一批产品,总固定成本为 38 000 元,单位产品销售价为 26 元,单位变动成本为 18 元,生产该产品的盈亏平衡点产量是( )单位。
   A. 4 750 B. 4 800
   C. 5 300 D. 4 000

31. 下列各项中,不属于决策特征的是( )。
   A. 目标性 B. 可行性
   C. 自愿性 D. 选择性

32. 决策是管理者在内外部条件的约束下做出决定的过程。这体现了决策的( )特征。
   A. 目标性 B. 可行性
   C. 动态性 D. 选择性

33. 每个方案的执行都可能出现不同的结果,但是各种结果出现的概率是未知的,完全凭决策者的经验、感觉和估计做出的决策是( )。
   A. 确定型决策方法 B. 风险型决策方法
   C. 不确定型决策方法 D. 名义小组法

34. 某公司计划生产某种新产品,生产该产品有三种方案,方案一的最大收益值是 120 万元,方案二的最大收益值是 300 万元,方案三的最大收益值是 260 万元。如果采用乐观决策法,请问企业选择( )方案。
   A. 方案一 B. 方案二
   C. 方案三 D. 都不选

二、多选题

1. 网络计划技术的优点有( )。
   A. 易于操作,应用广泛,适用于各行各业
   B. 便于实施与控制
   C. 能把整个项目的各个项目的时间顺序和相互关系清晰表明出来,并指出了完成任务的关键环节和路线
   D. 对项目的时间进度与资源利用实施优化

2. 计划具有重要的作用,具体表现有( )。
A. 计划是管理活动的桥梁,是组织、领导、控制和创新等活动的基础
B. 计划能使组织明确目标,克服盲目性
C. 计划明确组织成员行动的方向和方式
D. 计划为检查、考核和控制组织活动提供标准

3. 根据计划的重要性程度,可将计划划分为( )。
A. 战略计划   B. 战术计划
C. 具体性计划   D. 指导性计划

4. 目标管理的优点包括( )。
A. 可以有效地调动员工的积极性、创造性和责任心
B. 有利于提高管理水平
C. 有利于更有效地控制
D. 有利于改进组织结构和职责分工

5. 影响计划有效性的因素包括( )。
A. 管理者的层次   B. 员工的态度
C. 组织的生命周期   D. 环境的不确定性

6. 下列各项中,属于计划内容的有( )。
A. What—做什么？人们需要什么目标和内容
B. Why—为什么？人们为什么要采取这项行动
C. Who—由谁去做？谁对这项行动负责即确定行动的负责人
D. Where—在何地做？

7. 下列各项中,属于滚动计划法的优点的有( )。
A. 使计划更加切合实际,提高了计划的准备性,更好地发挥了计划的指导作用,并使战略性计划的实施更加切合实际
B. 使短期计划、中期计划和长期计划有机地结合在一起,并根据环境的变化对其进行及时的调节,能使各期计划基本保持一致
C. 提高了计划的弹性,可以有效规避风险,适应竞争需要,提高组织应变力
D. 计划编制和实施工作的任务量大

8. 推行目标管理的注意事项有( )。
A. 要有一定的科学管理基础和思想基础
B. 是否推行目标管理关键在于领导
C. 目标管理要逐步推行,长期坚持
D. 目标管理是压制管理

9. 根据计划应用的范围,可以将计划划分为( )。
A. 综合计划   B. 部门计划
C. 专项计划   D. 长期计划

10. 根据计划跨越的时间间隔长短,可将计划划分为(　　)。
   A. 长期计划　　　　　　　　　　B. 指导性计划
   C. 中期计划　　　　　　　　　　D. 短期计划

11. 目标管理的过程包括(　　)。
   A. 建立一套完整的目标体系　　　B. 组织目标的实施
   C. 目标成果的检查和评价　　　　D. 压制管理

12. 组织的生命周期包括(　　)。
   A. 形成　　　　　　　　　　　　B. 成长
   C. 成熟　　　　　　　　　　　　D. 衰退

13. 计划的性质包括(　　)。
   A. 预见性　　　　　　　　　　　B. 目的性
   C. 首要性　　　　　　　　　　　D. 弹性

14. 根据计划内容的明确性标准,可以将计划分为(　　)。
   A. 战略计划　　　　　　　　　　B. 战术计划
   C. 具体性计划　　　　　　　　　D. 指导性计划

15. 目标管理的特点包括(　　)。
   A. 以目标为中心　　　　　　　　B. 强调系统性
   C. 强调"自我控制"　　　　　　　D. 促使权力下放

16. 网络计划技术的基本步骤主要包括(　　)。
   A. 分解任务　　　　　　　　　　B. 绘制网络图
   C. 确定关键路线　　　　　　　　D. 确定总目标

17. 编制计划的过程包括(　　)。
   A. 明确目标　　　　　　　　　　B. 确定前提条件
   C. 拟订、评估和选择可行性计划　D. 制订主要计划和派生计划

18. 编制计划的方法有(　　)。
   A. 目标管理法　　　　　　　　　B. 滚动计划法
   C. 网络计划技术　　　　　　　　D. 德尔菲法

19. 目标管理的局限性有(　　)。
   A. 合理的目标难确定　　　　　　B. 目标期限短
   C. 不灵活　　　　　　　　　　　D. 以上都不是

20. 下列各项中,属于决策特征的有(　　)。
   A. 目标性　　　　　　　　　　　B. 可行性
   C. 动态性　　　　　　　　　　　D. 选择性

21. 决策根据重要程度可划分为(　　)。
   A. 战略决策　　　　　　　　　　B. 战术决策
   C. 业务决策　　　　　　　　　　D. 确定型决策

22. 影响组织决策的主要因素有（　　）。
A. 外部环境因素 B. 组织文化
C. 决策者对风险的态度 D. 决策的时间紧迫性

23. 定性决策方法主要包括（　　）。
A. 头脑风暴法 B. 德尔菲法
C. 名义小组法 D. 电子会议法

24. 下列各项中，不属于确定型决策方法的有（　　）。
A. 决策树法 B. 线性规划法
C. 悲观法 D. 乐观法

25. 常用的不确定型决策方法主要有（　　）。
A. 有乐观法 B. 悲观法
C. 最小最大后悔值法 D. 盈亏平衡法

26. 下列各项中，属于定量决策方法的有（　　）。
A. 决策树法 B. 线性规划法
C. 不确定型决策方法 D. 电子会议法

27. 根据决策主体的不同，可以划分为（　　）。
A. 集体决策 B. 个人决策
C. 业务决策 D. 确定型决策

28. 根据决策的可靠程度不同，可划分为（　　）。
A. 确定型决策 B. 风险型决策
C. 业务决策 D. 不确定型决策

29. 线性规划法的三要素包括（　　）。
A. 决策变量 B. 保本点
C. 约束条件 D. 目标函数

30. 下列各项中，属于决策过程的有（　　）。
A. 诊断问题 B. 明确目标
C. 拟订备选方案 D. 评估与选择方案

31. 根据决策问题出现的重复程度不同，可以划分为（　　）。
A. 程序化决策 B. 非程序化决策
C. 集体决策 D. 个人决策

32. 决策方法主要包括（　　）。
A. 定性决策法 B. 定量决策法
C. 推理法 D. 设想法

33. 采用盈亏平衡法求盈亏平衡点时需要（　　）因素。
A. 固定成本总额 B. 单位变动成本
C. 单位产品销售价格 D. 利润

三、判断题

1. 采用滚动计划法,制订计划时采用的是"近粗远细"的原则。（   ）
2. 关键路线是网络中完工时间最短的相关活动序列。（   ）
3. 组织的总目标既可以由上级提出,再同下级讨论,也可以由下级提出,上级批准。（   ）
4. 预算就是一种用数字表示预期结果的报告书,是一种特殊的计划形式,也称为"数字计划"。（   ）
5. 网络图中箭线"→"表示两个工序间的连接点,不占用时间,也不消耗资源,只表示前道工序结束、后道工序开始的瞬间。（   ）
6. 目标管理实现了"三全",即全员参与、全员保证和全员管理。（   ）
7. 计划的效率性是指计划的时效性和经济性两个方面。（   ）
8. 目标管理既重视科学管理,又重视过程的因素。（   ）
9. 在管理的各项工作中,居于领先地位的工作是计划工作。（   ）
10. 在组织的形成期,管理者应更多地制订指导性计划。（   ）
11. 20世纪50年代,目标管理出现于英国。（   ）
12. 目标分解的实质是一种自上而下层层展开,自下而上层层保证的过程。（   ）
13. 计划为优化资源配置,提高效益提供依据。（   ）
14. 战术性计划是战略性计划的依据,战略性计划是在战术性计划指导下制订的,是战术性计划的落实。（   ）
15. 根据计划应用的范围,可以将计划划分为综合计划、部门计划和专项计划。（   ）
16. 目标管理强调明确的目标是有效管理的首要前提,将重点放在目标的实现上,而不是行动的本身。（   ）
17. 目标管理不是一种计划方法。（   ）
18. 根据计划的内容,可将计划划分为长期计划、中期计划和短期计划。（   ）
19. 在大多数的目标管理计划中,所确定的目标一般都是长期的。（   ）
20. 风险型决策是指各种可行方案的条件都是已知的,并能较准确地预测它们各自的后果,易于分析、比较和抉择的决策。（   ）
21. 头脑风暴法是将对解决某一问题有兴趣的人集合在一起,在完全不受约束的条件下,敞开思路,畅所欲言。（   ）
22. 决策树法属于风险型决策方法。（   ）
23. 定量决策方法也称决策的"软"方法,是指在决策过程中,决策者根据已掌握的情况和现有资料,直接利用专家们的知识、经验和组织规章制度,提出决策目标和实施目标,并做出评价和选择的方法。（   ）
24. 电子会议法是一种德尔菲法与复杂的计算机技术结合的群体决策方法。（   ）
25. 盈亏平衡点也称为保本点,是指企业既不盈利也不亏损即销售收入与总成本相等

时的产量。 ( )

26. 不确定型决策是指各种备选方案的自然状态有若干种,决策者不知道哪种自然状态会出现,但能了解到共有几种可能的自然状态,并且可根据掌握的资料推断各种自然状态发生的概率的决策。 ( )

27. 乐观法也称大中取大法,采用这种方法的管理者对未来持乐观的看法,认为未来会出现最好的自然状态。 ( )

28. 后悔值即机会损失值,指在一定自然状态下由于未采用最好的行动方案,失去了取得最大收益的机会而造成的损失。 ( )

29. 决策是管理者在内外部环境的约束下,选择一个最优方案的过程。 ( )

30. 决策是一个错综复杂的过程,是一个不断循环的过程。 ( )

31. 决策是管理者在两个或两个以上的方案中选择的过程。 ( )

32. 德尔菲法是确定型决策。 ( )

四、简答题

1. 滚动计划法有哪些特点?
2. 简要分析计划的内容。
3. 简要分析目标管理的特点。
4. 简述用线性规划法从实际问题中建立数学模型的步骤。
5. 简述简要分析决策过程。
6. 简述决策的含义。

五、案例分析题

1. 致远公司张总经理到海乐公司考察时,发现海乐公司实行了目标管理后充分调动了员工的积极性,提高了管理效率。因此,他决定在公司内部实施这种管理方法。首先他需要为公司的各部门制定工作目标。张总经理认为,由于各部门的目标决定了整个公司的业绩,因此应该由他本人为他们确定较高的目标。在确定目标之后,他把目标下发给各个部门的负责人,要求他们如期完成,并口头说明在计划完成后要按照目标的要求进行考核和奖惩,但是他没有想到的是中层经理在收到任务书的第二天,就集体上书表示无法接受这些目标,致使目标管理方案无法顺利实施。张总经理感到很困惑。

请问:

(1) 张总的做法存在哪些问题?

(2) 他应该如何更好地实施目标管理?

2. 致远公司计划生产某新产品,估计市场对该产品可能出现高需求、中需求和低需求三种情况,但三种情况的概率无法测知。现已提出了三个方案,根据有关资料可估计,各方案在不同情况下的收益如表 2-8 所示。

请问:如果采用最小最大后悔值法,致远公司应选择哪种方案?

表 2-8　　　　　　　　　　　各方案在不同情况下的收益　　　　　　金额单位:万元

方案/自然状态	高需求	中需求	低需求
方案一:新建车间	80	40	−50
方案二:扩建车间	60	45	10
方案三:改造车间	40	35	20

项目三　组　　织

知识目标

1. 理解组织和组织工作的概念
2. 理解组织结构设计的原则和依据
3. 熟悉管理幅度和管理层次的确定方法
4. 熟悉部门划分的方法
5. 熟悉组织变革的流程
6. 熟悉人力资源规划的方法与流程
7. 熟悉人力资源招聘渠道、甄选方法方法和录用
8. 掌握员工培训的设计、方法和评估
9. 掌握人力资源绩效管理的过程和内容

能力目标

1. 能够根据组织具体情况分析管理幅度范围
2. 能够根据确定的管理幅度分析组织管理层次
3. 能够根据掌握的部门划分方法帮助组织划分部门
4. 能够在组织变革时处理变革的阻力
5. 能够掌握并应用工作分析流程
6. 能够根据具体情况进行人力资源规划,调节人力资源供求平衡
7. 能够根据企业人力资源需求的具体情况选用合适的招聘渠道和方法
8. 能够分析企业人力资源培训需求以及设计培训项目

知识导航

```
                  ┌ 认识组织及组织工作
         ┌ 建立组织┤ 组织结构设计
         │        └ 组织的运行
组织 ────┤
         │              ┌ 认知人力资源管理
         │              │ 职位分析与人力资源规划
         └ 人力资源管理 ┤ 人力资源招聘
                        │ 人力资源培训
                        └ 绩效管理
```

任务 1　建 立 组 织

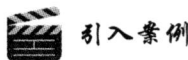引入案例

2020年,世界迎来一场"抗击新冠病毒战役"。中共中央总书记、国家主席、中央军委主席习近平主持召开政治局常委会会议,成立中央应对疫情工作领导小组。疫情防控由地区上升至全国范围。针对湖北省初期防控人力不足的问题,会议强调要尽快充实医疗救治队伍力量,把地方和军队医疗资源统筹起来,合理使用,形成合力。根据党中央、国务院的重大决策部署,国家卫生健康委立即"调兵遣将",全国各地也迅速响应,援鄂医疗队火速出征。

从1月24日起,包括军队在内的广大医务工作者逆流而上,义无反顾奔赴湖北投入防控救治工作。据统计,从1月24日到3月8日,全国有346支医疗队共计4.26万人抵达湖北,其中重症专业医务人员1.9万人。

习近平总书记十分牵挂湖北的疫情,把坚决做到应收尽收放在疫情防控重点工作的首位,突出了应收尽收对于疫情防控的关键意义。火神山医院和雷神山医院从设计到竣工仅用时10天。第一批共有4 000张床位的3家方舱医院仅用29个小时就建设完成,76支医疗队共8 000多名医务人员在几天内陆续进入方舱医院开展工作。

打赢疫情防控阻击战,重点在"防"。这一阶段,在把医疗救治工作摆在第一位的同时,防控力量向社区下沉,各地充分发挥社区在疫情防控中的重要作用。加强进出人员管理,保持内防扩散、外防输出的防控策略成为抗疫制胜的又一法宝。

19个省市对口支援武汉以外湖北其他地市,对确诊患者个人负担费用实行财政兜底,对疑似患者由就医地制定财政补助政策,从世界各地协助接回1 300余名滞留海外的中国公民……

湖北疫情牵动了全国人民的心,各地涌现出无数最美逆行者:有组织车队千里运送蔬菜支援湖北的农民大哥;有不畏风险返回湖北帮助居民送药送菜的快递小哥;有采购口罩背回祖国的海外学子……

一方有难、八方支援。经过艰苦努力,湖北疫情防控形势发生积极向好的变化,取得阶段性重要成果。世界卫生组织总干事谭德塞指出,中国近期新冠病例下降趋势明显,疫情局势实现逆转,中国的抗疫措施经过实践取得明显成效。

2020年的这一场斗争,让我们看到了前进路上的风险挑战,更让我们看到了自己民族、自己国家、自己所信仰的制度内在的巨大能量。

案例思考:

1. 请你分析案例中援助湖北的组织,哪些是正式组织哪些是非正式组织?试思考正式组织和非正式组织的区别。

2. 组织包括各种形式的社会实体,案例中提及了哪些实体?

3. 此案例中彰显了中华民族什么样的家国情怀?

一、认识组织及组织工作

（一）组织概述

组织是通过对人员和物质条件等要素确定相互关系，使之协作、有效沟通并达成共同目标的社会实体。其中，人员是构成组织的核心要素，物质条件是组织生存发展的必要条件，如资金和工作场地等。

组织是有机的整体，是工作关系以及社会系统关系的统一。广义的组织包括各种形式的社会实体，如政府、军队、医院、学校、企业、其他社会团体等。狭义的组织主要是指各类企业。组织主要强调其管理职能，组织需要对实体内部的人、财、物等进行部署安排，并对存在的各种关系进行协调管理。

（二）组织的类型

由于人们社会活动的多样性，组织有多种类型，根据不同的标准，组织可划分为以下几种类型。

1. 正式组织与非正式组织

根据组织是否按照既定目标并有意识协调活动可分为正式组织和非正式组织。正式组织是指为了达成共同目标，按照经过刻意设计的程序建立，具有明确的组织结构、权责关系并协作运行的实体。非正式组织是指没有共同目的，也没有正式组织结构，是基于共同感情而建立且具有约定俗成的行为规范的实体。

2. 盈利性组织与非盈利性组织

根据存在的宗旨是否具有盈利性可分为盈利性组织和非盈利性组织，这也是比较常见的分类。盈利性组织经营运作的目的就是追求利润，企业是最具代表性的盈利组织。盈利性组织包括生产型和服务型两种类型，生产型组织通过生产销售来获取利润，如制造企业；服务型组织通过组织销售产品或提供一些服务来获取利润，如零售企业。非盈利性组织主要是向社会公共提供服务，如学校、医院等，部分非盈利性组织虽然在服务过程中收取一定的费用，但主要是用于维持其生存。

（三）组织工作概述

组织工作是为了实现组织的共同目标而把组织要素按照一定的目的和要求，在考虑组织内外部环境的基础上建立和协调组织结构并使之高效运转的动态活动过程。

组织工作的内容主要有建立组织结构、确定职位权责关系、协调沟通、调整完善组织结构。组织工作是一个动态的活动过程，需要根据组织内外部环境的变化不断调整更新，以适应经济社会的发展。组织工作通过一系列运作，可以确定组织的管理宽度、管理层次、部门框架和权责关系等问题。

（四）组织工作的作用

组织工作在管理中有非常重要的作用，主要有以下两点。

1. 组织工作是统一组织成员行为和意志的重要手段

组织内的成员有个人的工作目标，各个部门有各自的部门目标。组织需要将这些个人目标和组织的整体目标联系起来用制度和措施加以引导和约束,才能最终达成整体目标。

2. 组织工作是组织计划工作完成的保障

"凡事预则立,不预则废",这句话强调了计划的重要性。组织为了达成目标会科学地编制周密的计划,但是如果在执行过程中没能够贯彻执行,一切计划只能成空,组织目标也难以实现。因此,组织需要建立部门、确定权责分工、授予权力并配备人员,将计划要求层层分解到个人,并进行有效的监督来保证计划的执行。

二、组织结构设计

(一) 组织结构设计的概念

组织结构是指组织内部各要素之间的权责关系、相互联系的形式,是为了协调组织成员之间活动而形成的一个框架机制,可以用组织系统图来表示。

组织结构设计是指根据组织目标和组织活动的特点,对组织的组成要素及关联方式划分管理层次、确定组织系统、选择合理的组织结构形式的过程。组织结构设计是根据组织的共同目标,充分考虑组织所处的内外部环境因素,将组织中的权责和任务进行协调合作的过程,最终形成组织系统图、职位说明书等结果的一个动态过程。

(二) 组织结构设计的原则

为了设计出合理、适用的组织结构,在设计时,组织需要遵循一定的原则。

1. 明确战略目标原则

组织是通过各种要素协作达成共同目标的实体。组织要先确定目标,其他活动才能做到有的放矢。组织结构设计的目的是为了保证组织战略目标的实现。因此,组织首先要明确组织的发展战略目标,并以战略目标为指导,确定组织结构。

2. 权责明确原则

权责明确包括权责对等和分工协作两个方面。权责对等要求承担的职责与拥有的职权保持一致,权力的赋予要限制在其承担的责任范围内,过大或过小都会降低工作效率。分工协作要求各部门、个人在其工作范围内完成好本职工作,从组织战略目标的整体出发,相互配合,保证组织高效运行。

3. 确定合理管理幅度原则

管理幅度是指一名管理者直接领导的人员的数量。管理幅度的确定与管理者本身的能力、工作的复杂程度、被领导人员的素质等有一定的关系。管理幅度过大或过小都不一定适合。因此,应根据工作本身的性质、人员的素质等确定合理的管理幅度,保证管理的有效性。

4. 稳定性与灵活性相结合原则

组织结构确定后要保持一定的稳定性。组织结构时常变动,会造成内部人员的恐慌和组织运行的动荡,不利于组织持续、高效地发展。但组织运行又必须和内外部环境相适应,组织结构应随环境和战略目标的变化而做出相应的调整。组织结构不应频繁调整,要保持一定的稳定性,但这并不意味着组织结构就是一成不变的,组织结构应具有一定的灵活性。总之,组织结构应在保持组织结构稳定性的基础上进一步提高其与环境的适应性。

(三) 组织结构设计的依据

组织必须适应其所处的内外部环境,根据环境变化及自身生存发展目标完成组织结构设计。

1. 外部环境

外部环境包括政治法律环境、经济环境、社会文化环境和技术环境等。

1) 政治法律环境

政治法律环境是指影响组织的政治要素和法律系统,包括国家政治制度、权力机构、方针政策、法律、法规等。当组织所在国家或地区政局稳定,执政当局所持态度和推行的基本政策具有稳定性和连续性,法律法规可以保护组织、保护公众利益,那么这个外部环境相对是稳定的;反之,就是变化的、动荡的。

2) 经济环境

经济环境是指构成组织生存和发展的社会经济状况及国家的经济政策,包括经济发展水平、经济体制、宏观经济政策和当前经济状况等。组织所处地区或国家经济发展水平稳定增长,宏观经济政策具有积极推动作用,那么这个经济环境是相对稳定的;反之,就是变化的、动荡的。

3) 社会文化环境

社会文化环境是指组织所处的社会风俗习惯、行为规范、生活方式、文化传统等,包括人口因素、消费心理、文化传统等。组织所处社会文化环境的生活方式、文化传统变化不大,消费心理趋于统一或类型相对稳定,那么该社会文化环境是相对稳定的;反之,就是变化的、动荡的。

4) 技术环境

技术环境是指组织所处环境中的国家科技体制、科技水平、科技政策、科技发展趋势等。

以上四种外部环境可以相互作用、相互影响。综合来看,针对相对稳定的外部环境,组织适合采用比较规范化的组织结构。若外部环境是变化、动荡的,组织结构设计应具有一定的弹性,应对多变的环境。

2. 内部环境

内部环境可从组织拥有的资源、能力、战略目标及组织规模几个方面考虑。

1) 资源

组织的资源主要包括人力资源、有形资源和无形资源等。组织对拥有的资源进行分析,确定资源是否具有稀缺性(别人不容易取得)、不可模仿性(独特)、不可替代性或持久性(贬值慢)。通过分析,如果组织的资源拥有其中一项特质,那么组织本身具有一定的竞争力。

2) 能力

能力是指组织配置资源、发挥竞争作用的能力,包括财务能力、组织管理能力和协调能力等。组织具备以上能力,就会形成自身的核心竞争力,组织发展具有一定的优势。

3) 战略目标

组织战略目标是众多因素中的一个重要因素。组织结构是实现组织目标的手段,而组织目标又源于组织的总体战略。组织结构与组织战略是紧密联系在一起的,组织结构的设计和调整必须服从于战略。针对不同战略发展目标,组织应匹配相应的组织结构。

4) 组织规模

组织规模直接影响组织结构的复杂性和规范化程度。组织规模小,意味着组织业务少、人员少,组织整个运行较为简单,其管理、监督等一般集中到组织负责人手中。组织的灵活度高、规范化程度低。组织规模大,意味着业务多、人员数量多,组织内的专业化程度高,监督、协调和控制的难度加大,整个组织结构的复杂性程度增大,大规模的组织需要采用正规化的、规范化的管理办法。

(四) 组织的纵向结构设计

组织的纵向结构主要通过管理幅度和管理层次来体现。

1. 管理幅度与管理层次的关系

管理幅度是指一名管理者直接领导的下级人员的人数。上级直接领导的下级人员多,则管理幅度大;反之,则管理幅度小。

管理层次是指从最高一级管理单元到最低一级管理单元的各个组织层次,这是一个组织纵向结构的概念。管理层次实质上是组织内部纵向分工的表现形式,每一个管理层次都具备相应的职责权限。

管理幅度与管理层次具有非常密切的关系。在组织人员要素既定的情况下,管理幅度增大(减小)则管理层次减小(增大),两者具有数量上的反比关系。两者之间存在相互制约的关系,管理幅度决定着管理层次。

2. 确定管理幅度

管理幅度对管理层次起主导作用,在进行组织结构设计时首先要确定管理幅度。管理幅度没有具体的数量规定,它需要根据组织工作的复杂程度、管理者能力等进行确定。但是管理幅度也是有一定限制的,不能一味地扩大或缩小。管理幅度过大,超出管理者的精力和能力承受度,会影响管理效果;管理幅度过小造成管理层次过多,会影响组织运行效率。

1) 影响管理幅度的因素

(1) 工作的性质。工作是常规存在的还是偶发的,是复杂的还是简单重复的,是计划明确的还是难以预计的。通过对工作进行研究确定管理幅度的大小。如果工作本身是日常发生的或是具有明确计划的,下级可以根据常规处理措施或拟定实施的计划去执行处理,那么下级就可以不需要上级过多的指导,从而增大了上级的管理幅度。如果工作本身是偶发的或难以预计的,没有针对工作本身详细的操作方法流程,下级在执行过程中需要上级较多的指导和决策,从而上级的管理幅度就要减少。

(2) 管理者与被管理者的能力素质。管理者(上级)经验丰富、工作能力强、个人影响力大,那么管理幅度可适当增大。被管理者(下级)理解能力、执行能力强、独立工作能力强,具备一定工作经验,品性良好,那么上级的管理幅度可适度增大。管理者本身能力弱或者被管理者能力素质有限,那么就需要减少管理幅度。

(3) 权责明晰程度。组织如果通过制定制度措施,将组织中的职责权限界定明晰,那么组织中处于相应职位上的人员就可以根据权责规定,在一定的权责范围内开展工作,从而减轻上级的指导、监督,可以增大管理幅度;反之,上级需要花费大量的时间和精力指导、监督、协调,管理幅度也必然降低。

(4)信息沟通渠道的畅通程度。如果组织内沟通渠道畅通,信息传递迅速、准确,那么可以有效提高工作效率,增大管理幅度;反之,则应减少管理幅度。

2)确定管理幅度的方法

(1)上下级关系理论。法国管理专家格兰丘纳斯认为,管理幅度以算术级数增加时,上级和下级之间可能存在的人际关系数将以几何级数增加。该理论认为,管理幅度越大管理工作越复杂。按照这一上下级关系理论就可以确定大致的管理幅度。管理幅度增加时上下级关系数会急剧增加,因此管理者在增加管理幅度时需要谨慎考虑。

(2)变量依据法。这一方法将影响管理幅度的各种因素作为变量,采用定性分析和定量分析相结合的做法来确定管理幅度。

该方法认为影响管理幅度的主要变量包括职能的相似性和复杂性,地区的集散程度,计划、指导、控制、协调的工作量。将以上变量按困难程度分为若干级别,每个级别规定一个权数表示影响管理者的程度。组织根据自身情况对此进行分析,得出由不同变量和不同权数对应的管理幅度标准值表。这种方法通常适用于组织中高层管理幅度的确定。

3. 划分管理层次

管理层次的划分受多种因素的影响,除了管理幅度这个重要因素外,还需要考虑组织的纵向分工和组织效率等。

1)根据管理幅度确定管理层次

管理幅度和管理层次之间存在数量上的反向关系,组织在人员数量确定的情况下,可以在确定管理幅度之后,推算出管理层次。

2)按照组织的纵向分工确定管理层次

组织纵向分工层次包括基本的三个层次:战略决策层、经营管理层和执行管理层。战略决策层主要负责制定战略、做出决策;经营管理层负责分解战略、制定计划、拟定草案、监督等工作;执行管理层主要是执行组织制定的各项决定,并确保按计划完成。组织一般根据自身规模、业务特点等情况,在这三个层级基础上划分管理层次。

3)按照是否提高组织效率确定管理层次

管理层次过多,组织信息在传递过程中容易失真,各个层级之间工作摩擦增多,加大组织协调工作;管理层次过少,管理幅度增加,在管理者能力、精力有限的情况下,被管理者的权限过大,容易造成权力失控。管理层次的确定需要考虑组织的效率,在能高效完成组织共同目标的前提下确定组织管理层次。

4. 纵向组织结构的形式

按照管理幅度的大小和管理层次的多少,组织可分为扁平式和高耸式两种组织结构。

1)扁平式组织结构

扁平式组织结构的管理幅度大、管理层次少。该结构的优点是上下级沟通顺畅、信息传递快速且准确。管理幅度大,被管理者拥有的自主权较多,对于独立性强、能力强的员工,易于激发其积极性、责任感。但是其缺点也比较突出,管理幅度大,管理者的监督、管理有可能不到位,被管理者权力过大,容易造成权力下移、监管失控。

2) 高耸式组织结构

高耸式组织结构是指管理幅度小、管理层次多。该结构优点是上级对下级的监督、控制更到位,对下级的工作更了解,不容易造成混乱。其缺点是层级太多,信息上传下达受到影响,运营效率低,同时被管理者自主权少,容易挫伤积极性,打击组织创新能力。

(五)组织的横向结构设计

组织的横向结构设计是指组织部门的划分。组织通过纵向结构设计,确定了管理幅度及管理的层级,然后就需要将业务和人员进行分类,这里的归类组合就是形成部门。部门是由相关的业务工作和一定人员组成的,能够承担一定管理职能的集合。

业务工作归类和管理职能确定需要运用科学的方法。划分部门应遵循一定的原则,使用科学的划分方法。

1. 部门划分的原则

1) 目标清晰原则

划分部门的目的,是通过合理分工和有效协作,保证组织目标的实现。在划分部门时,就要确定各部门的职能和目标。

2) 不相容职务相分离原则

不相容职务是指若某些职务不能由一个人或一个部门的人独自承担。该原则要求将不相容职务应分离开,在条件允许的情况下,不相容职务应划分在不同的部门。不相容职务包括决策和执行,执行和监督,编制和审批等。

3) 灵活性原则

部门的划分要有一定的灵活性。组织内外部的环境是不断发展变化的,组织的战略发展目标也会随之发生改变。组织结构包括部门都必须适应组织的这种变化,要及时应对,保证组织的可持续发展。因此,部门应根据内外部情况进行调整,或增加或减少。

4) 效率原则

部门的划分要充分考虑组织管理效率的问题,以能够有效提高管理效能为前提进行设计。组织应关注共同目标的确立以及组织内部各部门之间的协调发展,这样既可保障目标的实现,也可以减少内部摩擦的产生。

2. 部门划分的方法

以下介绍几类常用的部门划分方法。

1) 按职能划分部门

按职能划分部门是一种各类组织都适用的方法。组织可以根据组织业务特点进行部门的划分,如企业可以设置采购部、销售部、财务部和生产部等;学校可以设置教务处、科研处、财务处和人事处等部门。

按职能划分部门的优点是根据职能归集业务和人员,可以发挥人员的专长。其缺点是部门员工各自为政、片面强调自己的利益和重要性,影响整体目标实现和降低工作效率。

2)按地区划分部门

按地区划分部门是将组织按地区划分成若干个部门,将该地区所有业务和人员并入同一个部门,再在该部门下设各项职能单位。规模大、地域分布较分散的组织比较适合这种方法,如银行、跨国公司和政府机构等。

按地区划分部门的优点是各地区负责人的自主性强、灵活度高,各部门负责人可以根据当地风俗习惯、经济情况、当地消费心理等各种因素做出决策应对,有利于组织的本地化发展。其缺点是每个地区性组织都是相对独立的单位,各地区部门之间协调比较困难,同时各个地区都成立相应的职能单位,如人力资源部门、销售部门等,造成管理机构重叠和增加管理费用支出。

3)按产品或品牌划分部门

随着社会的发展,人们对产品的需求多种多样。组织为了维持自身的竞争力,一般会选择多元化发展的战略。为了便于管理,组织在规模不断扩大时会选择按照产品品种或品牌划分部门,再在该产品部门下设相应的生产、销售、技术开发等职能单位。这种划分方法适用于产品种类众多的大规模组织。

按产品或品牌划分部门的优点是各部门集中精力研究某一产品或品牌,将人力、物力和财力集中投放,可以更深入研究目标市场需求、有针对性进行研发,比较容易成功,且可以打造有竞争力的强势产品和品牌,有利于调动该部门人员的积极性和创造力。其缺点是各产品和品牌各自为政,各部门协调较为困难,机构重叠容易增加管理费用支出。

4)按服务对象划分部门

按服务对象划分部门是按不同类型的服务对象划分部门,针对特定顾客提供特定服务,比较适合零售、百货公司等组织。例如,百货公司可以按不同类型的顾客建立不同的商品部门,如老年人商品部、儿童商品部和学生商品部等,以便满足各种顾客群体的喜好和需求,为他们提供更加优质的服务,以此促进商品销售。

按服务对象划分部门的优点是可以针对服务对象的喜好进行研究并提供相应的产品和服务,更有针对性,更能满足顾客需求。其缺点是各部门之间较难协调。

(六)组织结构的选择

组织设计的直接结果是设计和选择合适的组织结构类型,组织应根据自身情况选择组织结构类型。

1. 创业型组织结构

创业型组织结构是多数小型组织的标准组织结构模式。采用这种结构时,组织的所有者或管理者对若干下级实施直接管理,并由其下级执行一系列工作任务。这一结构类型的弹性较小并缺乏专业分工,主要依赖于组织核心人员的个人能力。这一结构通常应用于初创的小型组织。

2. 职能制组织结构

职能制组织结构被认为是组织结构的典型模式。职能制组织结构是一种按职能划分部门的纵向职能结构。组织内部按职能(如生产、销售、开发等)划分成若干部门,各部门独立性很小,均由组织高层管理者直接管理,即组织实行集中控制和统一指挥。

职能制组织结构的优点是能够通过集中单一职能部门内所有某一类型的活动来实现规模经济如所有的销售和营销工作都通过销售和营销部门来执行;有利于培养职能专家;由于任务为常规和重复性任务,因而工作效率得到提高;董事会便于监控各个职能部门。其缺点是由于对战略重要性的流程进行了过度细分,在协调不同职能部门时可能出现问题;难以确定各项产品产生的盈亏;导致职能部门间发生冲突、各自为政,各职能部门不是出于组织整体利益相互合作;等级层次以及集权化的决策制定机制会放慢反应速度。

3. 事业部制组织结构

事业部制组织结构是指按照产品、服务、市场或地区定义出不同的事业部。组织总部负责计划、协调和安排资源,各事业部则承担运营和职能责任,分权化和半自治的需求被放大,事业部自身的战略规划责任会有所增加。该组织结构的优点是自主性强,可以根据具体事务进行具体分析处理。其缺点是机构重叠,管理成本增大,事业部之间难以协调。

4. 矩阵制组织结构

矩阵制组织结构是为了处理复杂项目中的管理问题而设计的。这种结构在职能和产品或项目之间起到了联系作用。这样,员工就有了两个直接上级,一名上级负责产品或服务,另一名负责职能活动。

矩阵制组织结构的优点是由于项目负责人与项目的关系更紧密,因而他们能更直接地参与到与其产品相关的战略中来,从而激发其成功的动力;能更加有效地优先考虑关键项目,加强对产品和市场的关注,从而避免职能制结构对产品和市场的关注不足;与产品主管和区域主管之间的联系更加直接,从而能够做出更有质量的决策;实现了各个部门之间的协作以及各项技能和专门技术的相互交融;双重权力使得组织具有多重定位,这样职能专家就不会只关注自身业务范畴。

矩阵制组织结构的缺点是可能导致权力划分不清晰(如谁来负责预算),并在职能工作和项目工作之间产生冲突;双重权力容易使管理者之间产生冲突。如果采用矩阵制结构,要确保上级的权力不相互重叠,并清晰地划分权力范围。下级必须知道其工作的各个方面应对哪个上级负责;管理层可能难以接受矩阵制结构,并且管理者可能会觉得另一名管理者将争夺其权力,从而产生危机感;协调所有的产品和地区会增加时间成本和管理成本,从而导致制定决策的时间过长。

三、组织的运行

(一)选择组织权力的基础类型

1. 权力的概念

权力是指为了实现组织目标,人们直接或间接地通过约束别人的行动而进行活动。由此看来,权力是一种影响力,与组织中的职位不是完全相关的,这也是权力和职权的差别。

权力在组织中存在集中或分散的问题,对应的是权力的两个基础类型:集权和分权,这一问题通常就是指职位的权力。

2. 集权和分权

在组织中,集权与分权各有不同的适用条件,应根据组织的具体情况而定。组织偏向集权还是分权,可通过各类重要决策是否集中到哪个层次、规章制度对人们决策的控制程度、审批手续的繁简程度上来进行判断。

集权是指组织的高层管理人员拥有最重要的决策权力。集权可以使组织高层管理人员比较容易地控制与协调组织的生产经营活动,以达到组织预期的目标。

集权型组织一般拥有多级管理层,并将决策权分配给顶部管理层;其管理幅度比较窄,从而呈现出层级式结构。较为典型的集权型组织包括多个专门小组,如营销、销售、工程、产品、研发、人事和行政小组。

集权型决策的优点包括易于协调各职能间的决策;易于对上下沟通的形式进行规范;能与组织的目标达成一致;危急情况下能够快速做出决策。

集权决策的缺点包括高级管理层可能不会重视个别部门的不同要求;由于决策时需要通过集权职能的所有层级向上汇报,因此决策时间过长;对级别较低的管理者而言,其职业发展有限。

分权是指在组织中把决策的权力分散。在组织规模较小时,为提高效率而集权是必需的,但随着组织规模的扩大,要使组织生存和发展下去,分权就成为必然。近年来,组织结构设计多侧重于分权型。这种理念认为组织应当将权力分配给各个决策层级来授权和激励员工,这样组织能对其所在环境做出更快反应。

分权的优点包括减少了信息沟通的障碍,提高了企业组织能力;能够为决策提供更多的信任并对职工产生激励效应;可以避免组织结构的复杂性。

分权的缺点包括不利于各部门之间的横向协调,协调比较困难,影响组织整体效率和效益的提高。

案例拓展 3-1

某公司的经营业务范围为洗化类产品生产与销售。公司按照产品品种划分了不同的部门,每种产品的研发决策、营销决策等都需要层层上报总部审批。审批过程中,文件需要经过各个层级审阅签字,从上交审批到审批通过一般经历较长时间。针对公司的生产经营,公司内部有较为详细系统的规章制度,需要严格遵守,否则部门奖励将受到影响。各个部门在对产品进行管理时,较难根据市场情况灵活应对。

该公司决策审批权力集中在高层管理者手中,规章制度详细严格,不利于公司正常业务的开展。

3. 集权与分权程度的影响因素

组织中集权与分权程度不能以人的意志去决定,主要受外部因素和内部因素的影响。外部因素指外部环境变化,如政策变动、宏观经济环境变化、风俗文化变迁、技术进步等都会对集权分权程度产生影响。内部因素包括以下四个方面的内容。

1）组织规模

组织的规模越大，需要做出的决策也就越多。组织的管理幅度有一定限度，组织规模大，管理层级必然增加。管理层级的增加必然会影响信息传播的速度和准确性，最终影响企业决策。为了使组织能适应社会发展，决策更正确、更迅捷，那么权力分散势在必行。

2）高层管理者的权力倾向

高层管理者对组织管理、制度制定执行有重大影响。如果高层管理者习惯事必躬亲、权力欲较高，那么组织集权的程度更大；如果高管更喜欢激发下属创新能力，更信任下属的独立处理能力，那么组织分权的程度更大。

3）组织所处的发展阶段

组织的发展可以分为起步、成长、成熟、衰退四个阶段，也称为组织生命周期。如果组织正处于起步、成长阶段，那么组织本身会遇到较为复杂的局面和问题，进行适当分权，可以灵活应对存在的问题；如果组织处于成熟阶段，市场和产品一般都较为稳定，规范化和严格管理能帮助企业获取更多利润，因此采用集权更合适。

4）组织活动的分散性

经济全球化使得组织在地域上的分散性越来越大，为了促进组织能更好地本土化，并能取得较好的业绩，组织一般会分权程度较大，各地区拥有更多自主权。

分权与集权有各自的优缺点，随着全球化进程和社会的发展，分权是一种必然趋势，需要进行合理地授权，保证分权后的监督和控制。组织在授权时要遵循逐级授权、适度授权、适当控制等原则。

（二）职权的划分

职权是基于职位而存在的，可以在其职责范围内做出决策、指导他人工作及发布命令。职权与组织内特定的职位相关，是一种职位的权力，不会随着任职的管理者的调动而发生变化。

职权一般包括直线职权、参谋职权和职能职权。

1. 直线职权

直线职权是指垂直管理人员对被管理人员所拥有的权力，包括发布命令和执行决策，是指上下级之间的直线关系。在组织结构图上，这种职权关系用一条由上级部门或人员直通下级部门或人员的直线来表示，所以形象地称之为直线职权。在这条权力线中，职权的指向由上而下，每一个管理层级的管理者都有发号施令、指挥下级工作的权力，同时也接受上级管理者的指挥。

直线职权的特点是：

（1）上级对下级具有指挥、命令的权力。

（2）下级对上级有汇报工作，贯彻执行上级决定的责任。

（3）组织中不同管理层次的管理人员都有这种职权，但是因为所处的管理层次不同，其职权大小也不同。

（4）该职权的指向自上而下，形成一条连续的、层次分明的权力线。

案例拓展 3-2

潍达制造有限公司总经理职位下设 4 个副总经理职位。4 位副总分别负责行政事务、财务、人事和生产等工作。其中负责生产的副总经理直接负责 6 个生产车间,每个生产车间包括若干条生产线,每条生产线有 3 个班组。

以生产线为例,直线职权关系表现为:总经理→生产副总经理→车间管理人员→生产线管理人员→班组负责人,如图 3-1 所示。

2. 参谋职权

参谋职权是一种提供建议、服务来协助其他部门或人员做好工作的权力。参谋职权是因社会发展、管理问题日益复杂化而出现的,用以弥补个人决策的缺陷和不足。

参谋职权的特点有:

(1) 权力的实施主要通过建议、提供咨询,不行使命令权。

(2) 在其职责范围内执行工作,主要是协助。

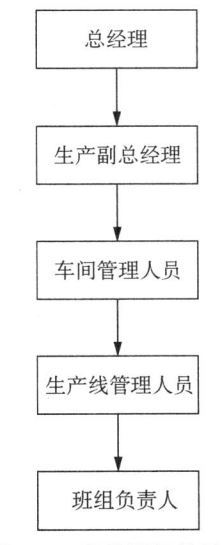

图 3-1 直线职权关系图

3. 职能职权

职能职权是某个职位、某个部门所拥有的原属直线管理者的那部分权力,它是经由直线管理者的授权而产生的。

随着管理活动的日益复杂,管理者很难精通各种专业知识,而仅仅依靠参谋的建议也不能有效提高管理效率效果,于是,主管人员就把原属于自己的部分直线职权通过授权的形式,授权给参谋人员或部门,这就产生了职能职权。职能职权介于直线职权和参谋职权之间,是一种有限的权力,只有在被授权的职能范围内有效。

(三) 组织变革

1. 组织变革的原因

组织变革主要是由内外部环境变化引起的。组织战略目标随着组织内外部环境变化而变化,当战略目标发生改变时,组织作为实现战略的主体也必然发生变革。

外部环境因素主要包括政治法律、经济、社会文化和技术等。内部环境因素主要包括组织规模、人员素质和管理技术等。组织规模扩大导致业务量增大,组织结构需要适应这种变化。人员素质的提高对管理幅度和管理层次有一定影响,可以增大管理幅度、减少管理层次,人员惰性的存在会降低组织效率,需要组织变革提高效率。管理技术,如网络云服务、大数据等可以有效提高管理效率,影响了管理幅度和管理层次,促进组织的变革。

2. 组织变革的阻力和应对策略

1) 组织变革的阻力

组织变革带来的改变对组织中的人员产生重大影响。这种影响会带来变革的阻力,包括文化阻力和个人阻力。文化阻力主要是指环境变化带来组织变革的同时,也会对组织内部文化产生影响,如从卖方市场到买方市场,很多组织必须适应顾客至上的组织文化,对那些已经习惯高高在上的人员,将比较难适应。个人阻力是指因个人工作习惯、安全感、收入变化、对未知的恐惧、选择性地获取信息进而屏蔽变革要求等产生的阻力。

2)应对策略

在处理变革的阻力时,管理者可以从调整变革节奏、选用适宜的变革方式、缩小变革范围3个方面进行。管理者要循序渐进调整变革节奏,切忌求快,让员工可以慢慢适应,减少阻力;构建良好的组织氛围,选择适宜的方式,鼓励大家参与变革、增加和员工对话渠道和频率、打击谣言;缩小变革范围,先做试点再慢慢推进。

3. 组织变革的实施程序

变革的实施主要包括发现变革征兆、分析变革原因、制订变革方案、制订变革计划、实施变革计划和评价变革效果六个程序。

发现变革征兆。这一过程是组织对内外部环境中的不利因素和有利因素进行调查分析,找出外部环境存在的机遇与威胁、内部环境中的优势和弱点,综合后找出组织中存在的问题,提出变革的需求。

分析变革原因。组织根据找出的问题,追查产生的根源。组织对目前的情况进行大量调查研究,分析收集的资料,最终确定变革目标。

制定变革方案。在确定变革目标后,需要根据组织具体情况制定变革方案,并对提出的若干变革方案进行评价,选择一种适合内外部环境情况的方案。

制订变革计划。根据制定的变革方案编写具体变革计划。变革计划需要设计变革操作步骤,将任务具体分配到部门和人员,确定各部门之间的协作要求等。

实施变革计划。组织根据变革计划,实施变革,成立相应的机构负责对执行变革计划进行指导和监督。在实施过程中,组织会遇到各种阻碍,需要对形成的阻力进行磋商和协调,妥善处理好改革与稳定的关系,力求将变革的阻力降至最低,保证改革计划的顺利实施。

评价变革效果。组织需要对变革的效果进行总结和评价,找出影响变革效果的因素并加以改进。

任务2 | 人力资源管理

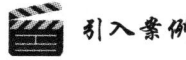 引入案例

达宇有限责任公司主要经营化学农药和制药原料的生产、加工和销售,是集科研、开发、生产和经营为一体的省级高新技术企业。公司更以"倡导绿色农业"作为使命,将"诚信、创新、合作"作为企业价值观,以提高资产运营效率和市场占有率为中心的生物农药大型企业集团。

随着发展越来越好,公司决定扩展规模和完善管理制度,并准备3年后上市。公司认为,管理和人才队伍建设是达宇发展的根本保障。在业务快速发展的同时,公司致力加强内部基础管理和团队建设。需要不断创造和完善引才、育才、用才和留才的特色机制,努力为各

类德才兼备的优秀人才营造体现价值、分享价值的环境和氛围。

达宇公司人力资源部的工作主要是抓考勤、算工资以及根据总经理的要求发布招聘信息,如有中层及中层以上的管理人员应聘,人力资源部只负责发布信息和联系应聘者。

因人力资源管理和团队建设需要,公司决定对人力资源部进行整合。公司要求人力资源部根据公司战略发展、整体规划进行全面人力资源管理,规划公司人力资源供求,参与人员招聘、培训,抓好绩效和薪酬管理。根据公司需要,人力资源部要有一整套管理措施为公司服务。

对于公司的整改要求,人力资源部负责人存在较大的畏难情绪。由于对人力资源管理了解不够深入,部门负责人较难根据企业战略目标进行人力资源规划。人力资源部急须转变工作模式,吸纳人力资源管理方面的专业人才。

案例思考:

1. 人才队伍建设是达宇发展的根本保障,请根据案例分析公司可以通过哪些渠道获得公司需要的专业人才。
2. 谈谈你对人力资源管理工作的理解。
3. 公司的使命和价值观体现了哪些社会主义核心价值观?

一、认知人力资源管理

(一) 人力资源管理的概念

"现代管理学之父"彼得·德鲁克指出,工作必须由员工完成,员工必须要被组织,因此人也要被视为资源。人力资源是指组织中拥有的、能够被组织所用,且对组织价值创造和可持续发展起作用,拥有相应智力和体力劳动能力的人的总称。

人力资源管理是指组织的一系列人力资源政策以及相应的管理活动。这些活动主要包括职位分析、人力资源规划、人力资源招聘、人力资源培训、绩效管理等。即组织对人力资源的吸收、整合、维持、评价和发展等方面所进行的计划、组织、领导、控制和创新等一系列活动,最终达到组织发展目标的一种管理行为。

(二) 人力资源管理的职能

人力资源管理的职能包括吸收、整合、维持、评价和发展。

吸收职能是指组织根据自身战略发展目标制定组织人力资源规划,确定每个阶段人力资源的需求,通过招聘、选拔、录用获取所需的人力资源。

整合职能是指组织通过建立完善组织文化、畅通信息沟通渠道、协调各方矛盾冲突等方式,使组织内部个人、部门的目标与企业战略目标一致,使组织内具有较高的协调性和一致性,提高组织的生产力和效益。

维持是组织实施一系列措施增加组织员工对自己工作的满意程度,从而使得组织内的员工可以更好地为组织服务。这一职能通过薪酬管理、内部提升等一系列管理措施,维护员工的合法权益,增强员工满意度。

评价是对员工的工作进行公平公正的全面考核和评价,其中绩效考核是该职能的核心,评价结果可作为员工奖惩、晋升和辞退的依据。

发展职能主要是对员工进行职业生涯规划,并促使员工发挥潜力。该职能主要是通过组织员工培训与开发、职业发展规划等,促进员工专业知识、工作技能等各方面素质的提升,其中员工培训与开发是核心。

(三) 人力资源管理部门的组织结构

不同规模的组织,人力资源管理部门的组织结构也有差别。组织一般根据自身规模和发展需要选择人力资源管理部门的组织类型。

小型组织规模较小且工作量不大,一般不设置独立的人力资源管理部门,而是在其他部门设置专门的岗位负责这部分职能,如总经理办公室、行政管理部门等。大中型组织和特大型组织规模较大且业务繁杂,人力资源管理工作相对复杂,组织根据自身情况会单独设立人力资源管理部门,同时在该部门下设置多层次组织结构。对于特大型组织,大多选择多层次组织结构,如人力资源管理部门会下设人事处、薪酬处、培训开发处等,培训开发处下甚至设置招聘办、培训办等子部门。其他大型组织选择一个层次的组织结构,即人力资源部门下直接按职能设置各个子部门。

二、职位分析与人力资源规划

(一) 职位分析

职位是指组织内由人员完成一项或多项相关职责组成的集合。职责是指由任职人员在其工作范围内承担的一项或多项工作任务。职位分析主要是指分析各个职位的职责、所需人员的专业素养和教育背景、各个职位所需的人员数量。

1. 职位分析的作用

(1) 为制定人力资源规划提供依据。职位分析中提供的组织各个职位人员的素养要求和需求数量,有助于组织预测人力资源需求,为组织制定人力资源规划提供数据支撑。

(2) 为合理安排人员提供了基础。根据职位分析的人员数量需求和人员专业素养,组织可以进行人力资源招聘,对新老员工进行政策措施和专业知识培训,对组织人员进行选拔并确定晋升或辞退等。

(3) 健全和完善组织人力资源制度。职位分析对工作职责与权力做出了明确说明,使组织内部员工对工作有更深入的了解,避免冲突的发生。人力资源管理部门根据职位分析结果,制定合理的晋升、培训和绩效考评制度。

(4) 为绩效评价和薪酬管理提供了标准。职位分析说明了任职者应完成的职责,为做出全面考评、鉴定和评价提供了标准,为做出相应的奖惩、升降、去留等决策提供了依据。

2. 职位分析实施程序

职位分析在实施过程中主要包括前期准备、设计调研、信息分析、结果形成及运用和反馈修订五个过程。

(1) 前期准备过程。前期准备过程主要完成职位分析前的准备工作,这一过程工作包括:①界定职位分析的目的;②确定所要收集的信息类别和收集方法;③指定分析的职位;④选定职位分析小组成员,分配各成员相应的职责、权限;⑤制定职位分析规范;⑥在组织内进行宣传,保障职位分析工作顺利进行。

(2)设计调研过程。设计调试过程主要是对职位分析工作进行设计,并根据设计好的工作进行信息收集、调研,即确定如何进行分析活动、如何收集信息两个子过程。其中如何进行分析活动包括信息来源的选择、职务分析人员的确定、收集信息的方法和系统的确定;确定如何收集信息包括按选定的方法、系统和程序收集信息、描述信息。

(3)信息分析过程。信息分析过程是整个职位分析流程中最核心的部分。该过程的工作主要有:首先,对信息进行初步处理,信息分类和信息评价。其次,对所获取的信息进行分析。主要是对所获得的分类信息进行解释和总结,形成文字结果。例如,形成职位名称分析、工作规范分析、工作环境分析、工作执行人员必备条件分析等文字条例。

(4)结果形成及运用过程。结果形成及运用过程主要解决用何种形式进行结果表达并对形成的结果进行运用。组织根据调研的结果并结合自身需要,编写职位职责说明书或者进行图示,同时制作各种具体应用文件增强管理活动的可操作性和规范性,如编制员工培训与开发要求文件指导组织人力资源培训和开发工作。

(5)反馈修订过程。反馈修订过程是动态的,贯穿于整个职位分析全过程。组织所处的内外部环境都在不断变化,要适应这些变化并维持可持续发展的良好状态,必然要根据实际情况对组织内分工协作、运作机制进行相应的修订调整。在整个过程中,职位会根据内部环境的需要发生相应的变化。这些变化有职位的消失、产生新的职位、在原有职位的基础上发生质的变化或量的改变。因此,职位分析是一个动态的、连续不断的修订过程,组织应当根据自身的发展变化随时进行这项工作,确保职位职责说明书能及时反映职位的变化情况。

3. 职位分析实施方法

职位分析实施过程包括五个过程,每个过程包括多种实施方法,在这些实施过程中最关键的就是信息分析过程。在信息分析过程中,国内外存在多种较为成熟的方法,且已较好地运用到实践中。因组织需求和职位分析操作人员水平的差异,现实中并不存在某一种最佳的方法,因此组织应根据具体情况选择合适的方法进行信息分析。

1)访谈法

访谈法是职位分析中最常用的工具,是由职位分析人员对相关人员开展面对面引导式提问与沟通,包括单独面谈和群体面谈两种方式。该方法在操作时,首先需要访谈人员具备一定谈判与交流沟通技巧,从而减轻受访者疑虑和担忧;其次需要对相关人员有一定了解并准备访谈提纲,内容可包括受访者的工作目标、工作内容、工作的性质和范围、所负责任、所需知识与技能等方面。

访谈法的优点是收集的信息快捷且真实可靠,适用性强;缺点在于受访者常常因为紧张或急于表现等原因而夸大其承担的责任和工作难度,从而使获取的信息资料失真。为避免以上缺陷,访谈法常与观察分析法联合使用。

2）观察分析法

观察分析法是职位分析专业人员通过对被分析人员的观察,把相关工作的内容、状态、流程、方法、目的等信息记录下来,并将取得的信息归纳整理为文字资料的过程。

该方法的优点是获得的信息广泛、详细统一、客观准确。但是操作起来有一定的局限性,如对职位分析专业人员的洞察力要求较高。该方法是针对被观察人员在某一时段发生的事情进行观察,因此并不能得到有关任职者资格要求的信息,偶然、突发的工作不易观察到。这一方法并不适用于工作循环周期很长和主要是脑力劳动的工作,适用于工作相对简单且规范的工作。

3）问卷调查法

问卷调查法是根据职位分析的目的、内容等编写调查问卷,由职位执行者填写后回收整理,从而获得职位信息。问卷设计需要由专业人士根据分析的目的和调查方向来设计内容、收集并分析总结。这种方法的优点是科学严谨、样本多,直接获取一手信息,且针对性强,不会影响员工正常工作,由于调查范围广,可用于多种目的、多种用途的职位分析。它在操作上需要被调查者的积极配合,通常要对相关人员开展培训和讲解,确保内容清晰、信息真实有效。

4）工作日志法

工作日志法是指在一定时间内,由职位的任职人员按照时间顺序记录工作活动,归纳提炼取得所需要信息资料的方法。这种方法优点是搜集的信息比较全面,一般不容易遗漏,可靠性高;缺陷在于内容太详细、记录时间较长,记录人员容易疲劳且影响正常工作,因此使用范围小。该方法适用于工作循环周期较短、工作状态稳定的工作,适合确定工作职责、工作关系和劳动强度等方面的信息。

5）工作实践法

工作实践法是指职位分析人员在实际从事所研究的工作过程中,掌握有关工作要求的第一手资料。采用这种方法可以了解工作中的实际任务以及在体制、环境、社会等方面的要求。该方法适用于那些短期内可以掌握的工作。

(二) 人力资源规划

1. 人力资源规划的概念

人力资源规划是指组织为实现自身发展战略,根据组织内外部环境情况,通过对组织人力资源供需情况分析,制订组织人力资源供需平衡计划,以确保组织能够获得各种必需的人力资源。人力资源规划包含总体规划和各项业务计划。人力资源总体规划是依据战略目标制定的一段时间内人力资源总目标、总方针和总原则。人力资源各项业务规划,是为了保障总规划的实现而进行的各项具体规划,如人力资源培训计划、人力资源绩效管理计划等。

2. 人力资源规划的作用

人力资源规划对组织人力资源管理具有持续性、长久性指导意义。其作用有:

(1) 有力保障发展战略目标的实现。人力资源规划根据组织发展战略的需求进行编制,通过有效实施人力资源规划和管理,可以为组织提供需要的人力资源,推动组织发展战略目标的实现。

(2) 促进人力资源管理活动有序开展。人力资源规划制定了组织人力资源管理工作的计划和目标,使用科学的方法制定配套的计划措施,保证管理活动的有序运行,满足组织生存发展过程中对人力资源的需求。

(3) 激发员工的积极性和创造性。人力资源规划为组织发展战略提供人力资源保障,同时也为员工发展搭建好成长平台、设定目标,从而可以持续激发员工工作的积极性和主动性。

(4) 节约成本。人力资源规划保障组织人员供需平衡,避免造成人力资源冗余浪费,同时也降低了人力资源缺乏的风险,为组织发展减少人力资源成本支出,保障组织可持续发展。

3. 人力资源规划的实施流程

人力资源规划的实施流程包括信息收集、供需预测、制定人力资源规划和保障人力资源规划的实施。

(1) 信息收集。考察组织的内外部环境,调研收集有关组织发展和经营的各方面信息,获取可能对组织未来人力资源规划产生的影响信息。

(2) 供需预测。组织根据发展战略目标和所处内外部环境,预测组织未来对人力资源需求的总量和各种人才需求情况。组织结合自身发展类型,采用定性、定量相结合的科学方法,参考组织过去人力资源总量和各类人员需求情况,预测人力资源供需情况。

(3) 制定人力资源规划。组织根据战略发展目标和供需预测分析结果,结合现有人力资源的实际情况,有目的地提出解决措施、制定人力资源规划。

(4) 保障人力资源规划的实施。人力资源规划的制定有利于组织战略目标的实现,真正能推动这一目标实现的在于保障人力资源规划的有效实施。在这一过程中,组织需制定完善的内部政策和措施,指导各方面协调运行,及时对规划实施后的结果进行汇总和评价,不断积累经验和教训,为以后的人力资源规划工作做指导。

4. 人力资源规划的方法

1) 定量预测法

(1) 回归分析法。回归分析法又称统计分析法,是通过建立一种函数关系,确定预测值和影响因子之间关系的方法。

(2) 趋势分析法。趋势分析法是最流行的定量预测方法。它主要是通过对组织过去人力资源需求数量(需求总量、各类别人员需求数量)进行分析,拟合出一条平滑的曲线,对组织未来人员需求总量和各类别人员需求数量进行预测。这种方法比较简单直观,通常适用于发展稳定、没有突发性变革的组织。

(3) 马尔科夫模型。马尔科夫模型是一种统计模型,主要用来预测等时间间隔点上(通常为1年),各个类别人员分布状态的一种动态预测方法。马尔科夫模型的基本思路是统计分析出过去每年每个类别人员的流动概率,根据过去几年的结果汇总分析出每个类别的平均流动概率,通过平均流动概率求出未来每年每个类别的人员供给数量。

2) 定性分析方法

(1) 管理者经验预测法。该方法主要根据各个部门的主要管理者了解的部门人力资源需求为基础,以此推理出组织中的人力资源总需求。

(2)驱动因素预测法。此方法是确定某些对组织的工作量或活动起到决定因素的特征,如规模变化,进而确定组织的人力资源需求。

(3)德尔菲法。该方法又称专家调查法,由美国兰德公司提出,旨在通过咨询专家而获得创造性的设想,系统地解决问题。德尔菲法的具体步骤项目二已述及,在此不再赘述。

德尔菲法无须专家到场,节约了召集费用,但耗时很长,当需要进行快速决策时,该方法并不适用。

案例拓展3-3

SL是中国知名电商公司,主要业务涉及家电生产与销售。由于电商行业竞争激烈,公司计划开拓国际市场,并将经营范围延伸至其他行业和产品,因此公司组织架构、人力资源需求和职位等需要做出较大调整。针对人力资源规划方面的预测,公司采用德尔菲法进行预测和决策。

第一步,确定各预测项目,设立负责预测组织工作的临时机构,选择若干名熟悉预测课题的专家。公司选择了10位企业管理和国际市场开拓方面的专家参与预测,其中包括公司内部正副总经理2名。公司召开了专家会议,明确了预测项目、进程和注意事项。

第二步,公司把包含预测项目的相关资料传递给各位专家,由专家独立做出预测。

第三步,将专家意见进行汇总分析,将汇总后的材料再次寄送专家,由专家们对预测项目再次做出预测和判断。

经过反复几轮,专家的意见基本达成一致。

三、人力资源招聘

人力资源招聘是指组织根据需求,通过可行的渠道和方法公开发布招聘信息,并按照一定的标准来选聘组织所需人员的过程。

组织在招聘过程中应遵循公平、公开、按需匹配人才的原则进行选聘。公平原则是指组织对所有应聘者应公平对待、一视同仁;公开原则是指组织应通过适当渠道向社会公开;按需匹配人才原则是指组织应根据自身需求和不同职位的不同需求进行招聘。

人力资源招聘活动的实施受到组织内外部环境的影响。外部影响包括组织所处的外部环境,如国家的法律法规、劳动力市场人才供给、竞争对手对人力资源的规划等;内部影响包括组织自身的人才供需情况、组织成本预算、组织政策等。

(一)人力资源招聘工作的实施流程

人力资源招聘工作的实施流程包括制订招聘计划、选择招聘渠道、筛选和录用人员以及评估招聘结果等。

1. 制订招聘计划

制订招聘计划是指组织根据人力资源规划,结合当前阶段人力资源需求制订招聘计划。制订招聘计划时,组织除了考虑人力资源规划和当前需求外,还应考虑当前人才市场供求、国家政策、经济发展状况等外部环境,以确定招聘的数量、任职资格和招聘渠道等。另外组织还应对招聘情况进行预算,充分考虑成本的影响。

2. 选择招聘渠道

招聘渠道的选择是指组织信息发布的途径和确定的目标群体。不同的招聘渠道有不同的覆盖区域,面向的应聘者也不同。组织应根据实际需要选择合适的招聘渠道发布信息。信息发布的后续工作是获取应聘者资料以及进行初步筛选。

3. 筛选和录用人员

组织对应聘的人员进行有目的地筛选,通过查阅简历、笔试、面试、心理测试评估等方式深入了解应聘者的基本素质及专业水平,选出符合相应职位素质的人员,随后使用科学的方法对应聘者进行测评,选出与所应聘的岗位更加匹配的应聘者进行下一步考察。

录用是指经过前几轮筛查后,确定最终的符合要求的应聘人员,包括调查背景、决定录用、通知应聘者、新员工入职试用和正式录用等流程。

4. 评估招聘结果

评估招聘结果是指组织对已经完成的人力资源招聘工作进行整体评价,重点是针对招聘过程中出现的问题进行责任追溯,同时对被录用人员进行评价。该流程的目的是通过发现招聘工作的不足进而完善招聘政策措施,同时判断被录用人员是否适合相应职位。

(二)人力资源招聘的渠道

人力资源招聘有内部招聘和外部招聘两种渠道。

1. 外部招聘

1)外部招聘的种类

外部招聘是指组织从外部选拔符合空缺职位工作要求的人员。外部招聘包括网络招聘、校园招聘、展会招聘和猎头招聘等。

(1)网络招聘是指组织在一些成熟的网络招聘平台发布招聘信息,招聘所需人才。网络招聘受众较广,能够吸引大量符合条件的应聘者投递简历。网络招聘的缺点是应聘信息中包含了大量虚假无用信息,在筛选过程中容易增加成本,造成资源浪费。

(2)校园招聘是指组织和学校合作,针对应届生采取的招聘方法。校园招聘的方式有学校举办招聘会邀请组织参加,组织到学校进行专题宣讲会,吸引毕业生应聘。校园招聘可以吸引优秀毕业生加入组织,为组织带来新鲜血液,为组织储备人才,有助于组织形成自己的人才库。但是应届毕业生流动性大,造成组织人力资源波动较大,培训成本高。

(3)展会招聘是指组织参加由政府或其他人力资源部门组织的人才招聘会。

(4)猎头招聘是指组织委托猎头公司,搜寻中高级的管理或技术人才。猎头主要着眼于高学历、高职位、经验丰富、业绩出色的高级行政管理人才和高级技术人才。这类高级人才一般不缺乏工作机会,而组织缺乏这类人才时较难通过其他招聘途径获取,因此一般会委托猎头完成招聘工作。

2)外部招聘的优点

(1)为组织带来活力和优秀人才。外部招聘来的人员可以为组织带来新的工作方法和思路,为组织带来创新和活力。同时,外部招聘选择范围大,有利于招聘到优秀人才。

(2) 减缓内部竞争的紧张氛围。组织内各部门在生产运营过程中会产生各种竞争,良性竞争有助于组织良好地运营发展。但有些内部竞争过于激烈,容易产生阻碍组织发展的力量,如内部提升会使落选者造成不满情绪;竞争者之间互相拆台,也会降低管理效率。外部招聘在某种程度上可以使这些竞争者之间产生某种心理平衡,从而缓解他们之间的紧张关系。

(3) 树立组织良好形象。组织在外部招聘过程中,通过各种渠道让社会公众了解组织营运范围、组织文化和产品质量等信息,在社会上树立良好的形象。

3) 外部招聘的缺点

(1) 招聘周期长、成本高。外部招聘从信息发布到人员录用的流程较为复杂,经历的周期较长。组织为了招聘到合适的人员,在筛选应聘者时耗费的时间也较长,这些都会增加招聘工作的成本。

(2) 影响组织经营管理效率。外部招聘的人员不了解组织具体情况,需要花较长时间了解、适应组织运营模式,融入组织文化的时间相对更加漫长。组织对外部招聘的人员虽然经过了严格的筛选,但是还不能够深入了解其专业素养和工作经验,聘用后也可能会出现录用人员不符合组织需求的情况。以上情况都会在一定程度上阻碍组织运营、影响组织经营管理的效率。

(3) 打击员工积极性,造成人才流失。员工会因为外部招聘而感到沮丧,认为在组织中发展缺乏机会,工作积极性会受到打击,优秀员工可能会因有更好的平台而选择离开。

2. 内部招聘

内部招聘是指从组织内部选拔优秀的人员并填充到空缺职位的过程。

1) 内部招聘的优点

相对于外部招聘,内部招聘具有以下优点。

(1) 周期短、节约成本。相对于外部招聘,内部招聘的周期较短、失误较少,可以节省招聘开支。被录用者融入组织文化、熟悉组织结构和运营工作没有障碍,工作起来更加得心应手,能很快打开局面。

(2) 提高运营效率。组织对内部招聘的被录用者了解程度高,在一定程度上可以保证人尽其才,能够选聘到适合职位的人员。

(3) 提高内部员工的积极性。通过内部招聘制度,员工充满希望,更加信奉努力工作、提高能力、丰富知识即可获得发展机会。员工充满积极性和创造力,能够更好地促进组织发展。

(4) 吸引外部人才加入。内部招聘使真正有发展潜力的人员知道,在这个组织里可以有充分的发展机会,从而乐于加入这样的组织。

2) 内部招聘缺点

内部招聘容易造成"近亲繁殖",带来某些弊病,其缺点表现如下。

(1) 激化矛盾。内部招聘是从内部多个候选人中选拔一个,落选者会产生不满情绪,在以后的工作中容易带入这种情绪,如果处理不好则会激化矛盾。因此,内部招聘更应公平、公开、公正,避免出现"任人唯亲"的情况。

(2)缺乏创新和活力。内部招聘的人员虽然更了解组织、更容易开展工作,但是其固有思维不能为组织带来新的思维方式和管理理念,不利于组织的创新和发展,不利于组织管理水平的提高。

(3)被录用者不能胜任工作。被录用者在其原有工作职位上表现良好、取得成绩,能够被录用到现在的职位上,但却不具备新职位所需要的才能,不能胜任新工作。

(三)人员筛选的方法

人员筛选的方法包括简历筛选、背景分析、笔试、面试和评价中心法。

简历筛选是组织根据职位需求,确定招聘中需要满足的硬性条件(如学历、工作年限等),对应聘者的简历进行初步筛选的过程。

背景分析是一项重要的人事测量技术。组织通过对应聘者以前从事工作时的表现、工作经历,得到应聘者是否具备空缺职位所需要的相关工作经验或技能,判断其是否符合要求的。

笔试是指针对职位需求,设计相应的题目,通过应聘者在笔试中的评分,获知应聘者的专业知识水平和结构、语言表达能力、工作能力和逻辑思维等方面能力的过程。

面试,内容包括自我介绍、半结构化面试和诊断面试。

(1)自我介绍。在面试时,自我介绍是较为简单直接的方法,通过观察应聘者在规定时间内介绍自己的情况,可以较为直观地判断应聘者的语言组织能力、自我控制能力、逻辑思维能力和心理承受度等综合素质情况。

(2)半结构化面试。面试官提前设计好一系列问题,选择一部分问题或全部问题向应聘者提问。这种方式可以帮助面试官比对不同人员对同一问题的不同反应,通过比较判断选择合适的人员。因为题目相似、难易程度没有很大偏差,可以提高面试的严谨性。

(3)诊断面试。面试官组成面试小组,根据面试现场实际情况随机提问,所提问题的形式和内容较为开放,主要是考察应聘者的性格特征、应变能力、知识层面以及对组织的认同感等各方面的内容。

评价中心法是指模拟工作场景,被应聘者参与到工作场景中并担任某一角色,给出工作中存在的问题,观察被应聘者在各自角色设定下的反应。该方法运用多种多样的评价方法,来对应聘者在这个工作场景中的面对压力时的心理状况和外在表现进行观测,判断其是否具有组织所需要的某方面的管理能力的一种测评方法。

四、人力资源培训

(一)人力资源培训概念

人力资源培训是指组织开展系统的学习行为和过程,使员工获取并具备完成工作所需的知识、技能,旨在提高员工的学习和工作能力、改变工作态度、提升员工工作业绩,并最终实现组织整体绩效的提升。

人力资源培训的作用在于:

(1) 提高员工素质、技能,提升员工竞争力。现代社会知识更新频率高,员工掌握的专业知识和技能需要及时更新以匹配组织的需求,因此员工应该不断学习,避免被市场淘汰。培训是效果较好、速度较快的方式之一。员工的技能知识水平决定了其收入水平,员工为了获取高薪酬提升自己。

(2) 提升企业绩效。对于组织不断出现的问题,培训是直接、快速和经济的管理解决方案之一。随着员工素质的提高,组织运营的效率效果得以提升。

(二) 人力资源培训工作的实施流程

人力资源培训工作的实施流程包括分析培训需求、实施培训、评价培训效果和评估培训过程。

(1) 分析培训需求。分析培训需求主要是确定组织的哪些方面需要培训提升,需要对经营、人员等方面进行分析。

(2) 实施培训。实施培训是人力资源培训中关键的过程。该流程是依据培训需求分析的结果制定好培训流程、选定培训方法,然后依据选定的方法按照培训流程、设计的培训内容进行具体操作。这一阶段是针对培训需求制定的培训操作程序,主要是涉及相应的培训方法和手段,按照设计的内容实施具体培训工作。

(3) 评价培训效果。培训结束后,组织可通过以下途径进行评价:评价人员在接受培训前后的工作能力、工作方法和工作业绩等方面的差异以及接受培训的人员与未接受培训的人员之间的差异。

(4) 评估培训过程。人力资源培训工作是一个动态的过程,组织需要对整个流程进行评估,发现问题,追究责任,达到优化培训的目的。

(三) 人力资源的培训方法

人力资源培训方法包括讲授法、情景模拟法和案例研讨法等。

讲授法是指培训讲师通过讲授的形式对参训对象传授知识、技能过程。

情景模拟法是指把参训人员分成小组,每一小组模拟一种工作情境,参训人员轮流扮演不同角色,在模拟实践中加深对工作的了解。

案例研讨法是将工作中的一些典型案例提供给参训人员。参训人员分组对案例进行讨论,针对案例中存在的问题和经验进行分析总结。

五、绩效管理

(一) 绩效管理概念

绩效是一个组织内单个个体在一定时期内的业绩和可衡量的工作结果的总和。

绩效管理是一个持续循环过程,是组织内人力资源管理的重要手段,是利用特定的考核指标对员工行为表现进行评价管理的过程。绩效管理可以理解为借助一定的指标和程度来判别绩效,并依据判别结果实施对策的过程。

(二)绩效管理的作用

1. 形成约束机制

组织通过绩效考核可以确定奖励和惩罚的依据,从而对员工的行为进行约束。健全的、操作性强的、针对性强的绩效管理,可以有效地提高员工的工作效率。

2. 保障组织战略目标实现

组织目标的实现,归根结底要依靠每一位员工的努力。绩效考核对于提高员工工作积极性具有重要的意义。组织对员工进行绩效考评,可以了解员工完成工作任务的情况,对结果进行评估,分析出员工任务实施的结果与组织目标之间的偏差。组织根据发现的问题采取相应对策,保证组织战略目标的实现。

3. 提高工作效率,降低管理成本

组织通过对员工的绩效管理,可以发现员工工作中的不足,指导员工追求更高的工作效率。管理者可以及时关注评价结果中影响组织目标实现的问题,组织通过调整和优化绩效管理措施,削减成本提高企业效益。

4. 提升人力资本价值

组织通过绩效考评,可以发现有能力、有潜力的员工,将其作为人才储备起来。根据考评,组织可以发现员工存在的缺陷,有针对性的设计培训内容、培训方式,帮助员工提升工作能力。组织可以实现人才的优化配置,达到人尽其用的目的。

(三)绩效管理的方法及工具

1. 关键绩效指标法

关键绩效指标法(KPI)是指通过层层分解组织的战略发展目标,实现量化考核组织特定岗位人员的绩效管理的方法。从本质上来看,关键绩效指标法的核心在于"关键",也就是对组织绩效管理中的关键内容进行考核。关键绩效指标法能够最大程度地与组织战略管理目标相吻合,有利于保证组织的经营效益。在众多绩效管理方法中,关键绩效指标法也是最受欢迎的方法之一。

关键绩效指标法具有标准容易统一、定量评价、易于监测绩效管理过程、重点突出、考核结果说服力强、绩效管理易于执行以及统一个人、部门及组织发展目标等诸多方面的优点。关键绩效指标法的缺点是分解组织发展战略,主要采取的措施就是"抓大放小",容易造成绩效管理有失偏颇。

2. 平衡记分卡

平衡记分卡法是一种多角度的、可度量的考核方法,考核组织发展和成长过程中涉及的关键因素。这种考核方法细化了组织的发展战略目标,将组织的绩效管理与发展战略紧密联系起来。平衡记分卡法具有注重长期与短期考核指标相结合、有效转化组织战略为绩效指标、培养员工核心能力、实现组织长远发展等优点。平衡记分卡法具有要求高、设计难度大、指标数量过多、指标权重分配困难等缺点。

3. 360 绩效考核法

360 绩效考核法是指对绩效考核对象进行全方位、全过程、多维度的考核。360 绩效考核关注与被考核者密切相关的人员的评价,如上级、下级以及同事的反馈等绩效评估。360绩效考核的结果更加客观与准确,能够真实反映被考核者的工作业绩、工作态度以及工作能力等内容,考核工作也更具公平性与公正性。360绩效考核法同样具有一定的缺点,即需要搜集的信息比较多,考核周期较长,考核成本较高。

4. 目标管理法(MBO)

目标管理法(MBO)是以绩效管理目标为导向的考核方法。目标管理法更加注重考核员工对目标的完成情况,主要通过以员工为中心并以其实际工作完成情况作为考核的标准。目标管理法直接体现了组织管理目的性,促进了组织战略管理目标的形成。目标管理法具有绩效目标容易量化分解、绩效管理公开性良好、推动组织内部沟通、激励员工工作自觉积极性等优点。目标管理法也面临目标难以确定的问题,具有目标设定存在较大争议、奖惩设定不一定匹配目标成果以及公平性得不到保证等缺点。

项 目 测 试

姓名_____ 学号_____ 成绩_____

一、单选题

1. 组织是通过对人员、职位、物质条件等要素确定相互关系,使之协作、有效沟通并达成(　　)的社会实体。
   A. 目标利润　　　　　　　　　　B. 共同目标
   C. 共同愿景　　　　　　　　　　D. 以上都不对

2. (　　)是构成组织的核心要素。
   A. 人员　　　　　　　　　　　　B. 职位
   C. 物质条件　　　　　　　　　　D. 以上都对

3. 组织工作是一个(　　)的活动过程。
   A. 闭合　　　B. 动态　　　C. 静态　　　D. 开放

4. 组织结构是为了协调组织成员之间活动形成的一个(　　)。
   A. 框架机制　　　　　　　　　　B. 过程
   C. 结果　　　　　　　　　　　　D. 结构

5. 经济环境是指构成组织生存和发展的(　　)及国家的经济政策。
   A. 社会风俗习惯　　　　　　　　B. 社会经济状况
   C. 当前经济状况　　　　　　　　D. 行为规范

6. 管理幅度是指一名管理者(　　)领导的下级人员的人数。
   A. 直接　　　B. 间接　　　C. 综合　　　D. 横向

7. 扁平式组织结构的特点是(　　)。
   A. 管理幅度大、管理层次少　　　B. 管理幅度小、管理层次多
   C. 管理幅度大、管理层次多　　　D. 管理幅度小、管理层次少

8. 按(　　)划分部门是各类组织都适用的方法。
   A. 职能　　　　　　　　　　　　B. 地区
   C. 产品或品牌　　　　　　　　　D. 服务对象

9. 创业型组织结构是多数(　　)企业的标准组织结构模式。
   A. 小型　　　B. 大型　　　C. 中型　　　D. 特大型

10. 以下关于事业部制组织结构的缺点表述中,错误的是(　　)。
    A. 机构重叠　　　　　　　　　　B. 管理成本增大

C. 事业部之间难以协调 D. 自主性强

11. （　　）是指垂直管理人员对被管理人员所拥有的权力。
A. 直线职权 B. 参谋职权
C. 职能职权 D. 直接职权

12. 组织调整变革节奏时，要（　　）。
A. 放慢速度 B. 加快速度
C. 循序渐进 D. 一张一弛

13. 现代管理学之父是（　　）。
A. 彼得·德鲁克 B. 波特
C. 泰勒 D. 法约尔

14. （　　）职能主要是对员工进行职业生涯规划，并促使员工发挥潜力。
A. 整合　　B. 吸收　　C. 发展　　D. 维持

15. 职位是指一个人完成的一项或多项（　　）职责组成的集合。
A. 不同　　B. 相同　　C. 不相关　　D. 相关

16. （　　）的结果为制定人力资源规划提供依据。
A. 培训 B. 招聘
C. 绩效管理 D. 职位分析

17. 职位分析的（　　）过程界定职位分析的目的。
A. 前期准备 B. 设计调研
C. 信息分析 D. 反馈修订

18. 整个职位分析流程中最核心的是（　　）过程。
A. 前期准备 B. 设计调研
C. 信息分析 D. 反馈修订

19. （　　）可用于多种目的、多种用途的职位分析。
A. 访谈法 B. 观察分析法
C. 问卷调查法 D. 工作日志法

20. 回归分析法又称为（　　）。
A. 趋势分析法 B. 统计分析法
C. 因素分析法 D. 环比分析法

21. 驱动因素预测法属于（　　）。
A. 定性分析方法 B. 定量分析方法
C. 趋势分析方法 D. 统计分析方法

22. （　　）流程的目的主要是通过发现招聘工作的不足以完善招聘政策措施。
A. 制定招聘计划 B. 选择招聘渠道
C. 筛选和录用人员 D. 评估招聘结果

23. （　　）可以帮助组织搜寻中高级的管理或技术人才。

A. 校园招聘 B. 猎头招聘
C. 内部招聘 D. 网络招聘

24. （　　）是人力资源培训中最关键的过程。
A. 分析培训的需求 B. 实施培训
C. 评价培训效果 D. 评估培训过程

25. 绩效管理是一个（　　）过程，是企业人力资源管理的重要手段。
A. 单一 B. 发展
C. 持续循环 D. 可持续发展

26. （　　）是绩效管理的方法和工具。
A. 平衡记分卡 B. 因素分析法
C. 回归分析法 D. 趋势分析法

二、多选题

1. 下列各项中，属于组织的有（　　）。
A. 政府 B. 学校
C. 军队 D. 医院

2. 根据组织是否按照既定目标并有意识协调活动，组织可分为（　　）。
A. 正式组织 B. 非正式组织
C. 盈利组织 D. 非盈利组织

3. 根据组织存在的宗旨是否具有盈利性，组织可分为（　　）。
A. 正式组织 B. 非正式组织
C. 盈利组织 D. 非盈利组织

4. 组织结构设计的原则有（　　）。
A. 明确战略目标原则 B. 权责明确原则
C. 确定合理管理幅度原则 D. 稳定性与灵活性相结合原则

5. 组织的外部环境包括（　　）。
A. 政治法律环境 B. 经济环境
C. 社会文化环境 D. 技术环境

6. 组织的能力包括（　　）。
A. 财务能力 B. 组织管理能力
C. 协调能力 D. 竞争能力

7. 影响管理幅度的因素有（　　）。
A. 工作的性质 B. 管理者与被管理者的能力素质
C. 权责明晰程度 D. 信息沟通渠道的畅通程度

8. 组织纵向分工层次包括（　　）三个层次。
A. 执行管理层 B. 基础管理层

C. 战略决策层 D. 经营管理层

9. 部门划分的原则有（　　）。
A. 目标清晰原则 B. 不相容职务相分离原则
C. 灵活性原则 D. 效率原则

10. 不相容职务包括（　　）。
A. 决策和执行 B. 执行和监督
C. 编制和审批 D. 以上都不对

11. 影响集权与分权程度内部因素有（　　）。
A. 组织规模 B. 高层管理人员的权力倾向
C. 组织所处的发展阶段 D. 组织活动的分散性

12. 组织的发展可以分为（　　）阶段。
A. 起步 B. 成长
C. 成熟 D. 衰退

13. 职权一般包括（　　）。
A. 直线职权 B. 参谋职权
C. 职能职权 D. 平行职权

14. 人力资源管理的职能包括（　　）。
A. 吸收 B. 整合
C. 发展 D. 维持

15. 职位分析作用有（　　）。
A. 为制定人力资源规划提供依据
B. 为合理安排人员流动提供了基础
C. 健全和完善组织人力资源制度
D. 为绩效评价和薪酬管理提供了标准

16. 职位分析的方法有（　　）。
A. 工作实践法 B. 访谈法
C. 工作日志法 D. 观察分析法

17. 人力资源规划作用包括（　　）。
A. 有力保障发展战略目标的实现
B. 促进人力资源管理活动有序开展
C. 激发员工的积极性和创造性
D. 节约成本

18. 人力资源规划的实施流程包括（　　）。
A. 信息收集 B. 供需预测
C. 制定人力资源规划 D. 保障人力资源规划的实施

19. 人力资源规划定量预测法包括（　　）。

A. 回归分析法　　　　　　　　　　B. 趋势分析法
C. 马尔科夫模型　　　　　　　　　D. 德尔菲法

20. 人力资源规划定性分析方法包括(　　)。
A. 趋势分析法　　　　　　　　　　B. 管理者经验预测法
C. 驱动因素预测法　　　　　　　　D. 德尔菲法

21. 人力资源招聘工作包括(　　)的过程。
A. 制定招聘计划　　　　　　　　　B. 选择招聘渠道
C. 筛选和录用人员　　　　　　　　D. 评估招聘结果

22. 外部招聘包括(　　)。
A. 网络招聘　　　　　　　　　　　B. 校园招聘
C. 展会招聘　　　　　　　　　　　D. 猎头招聘

23. 外部招聘的优点有(　　)。
A. 为组织带来活力和优秀人才　　　B. 减缓内部竞争的紧张
C. 树立组织良好形象　　　　　　　D. 节约成本

24. 内部招聘的缺点有(　　)。
A. 激化内部矛盾　　　　　　　　　B. 缺乏创新和活力
C. 被录用者不能胜任工作　　　　　D. 节约成本

25. 人力资源培训工作的实施流程包括(　　)。
A. 分析培训的需求　　　　　　　　B. 实施培训
C. 评价培训效果　　　　　　　　　D. 评估培训过程

26. 人力资源培训的方法包括(　　)。
A. 讲授法　　　　　　　　　　　　B. 情景模拟法
C. 案例研讨法　　　　　　　　　　D. 对比法

27. 绩效管理的作用有(　　)。
A. 形成约束机制　　　　　　　　　B. 保障组织战略目标实现
C. 提高工作效率,降低管理成本　　D. 提升人力资本价值

三、判断题

1. 将组织分为正式组织和非正式组织是最常见的分类方法。　　　　　　(　　)
2. 管理幅度越大越好。　　　　　　　　　　　　　　　　　　　　　　(　　)
3. 组织结构不应频繁调整,要保持一定的稳定性,但这并不意味着组织结构是一成不变的。　　　　　　　　　　　　　　　　　　　　　　　　　　　　　　(　　)
4. 管理幅度与管理层次关系非常密切,存在相互制约,管理层次可以决定管理幅度。
　　　　　　　　　　　　　　　　　　　　　　　　　　　　　　　　(　　)
5. 若管理者本身能力弱或者被管理者能力素质有限,那么就需要减少管理层次。(　　)
6. 管理幅度和管理层次之间存在数量上的反向关系。　　　　　　　　　(　　)

7. 按地区划分部门的方法优点是根据职能归集业务和人员,可以发挥人员的专长。
(   )
8. 按职能划分部门的方法可以规避各自为政,有效地提高工作效率。(   )
9. 参谋职权在必要时也可以发布命令,拥有一定指挥权。(   )
10. 职能职权是由直线主管的授权产生的。(   )
11. 职能职权是介于直线职权和参谋职权之间的。(   )
12. 大中型组织和特大型组织的业务量大,人力资源管理工作复杂,一般会单独设立人力资源管理部门。(   )
13. 设计调研过程确定所要收集的信息类别和收集方法。(   )
14. 反馈修订过程是职位分析流程的最后一步,是静态的活动。(   )
15. 为避免访谈法的缺陷,访谈法常与问卷调查法联合使用。(   )
16. 问卷法的优点是科学严谨、样本较多。(   )
17. 工作日志法适用于工作循环周期较短、工作状态稳定的工作。(   )
18. 人力资源规划可以持续激发员工的工作积极性和主动性。(   )
19. 回归分析法比较简单直观,通常适用于发展稳定、没有突发性变革的组织。(   )
20. 驱动因素预测法,可以确定某些对企业的工作量或活动起到决定因素的特征,进而确定人力资源需求。(   )
21. 德尔菲法也称专家调查法,是专家通过面对面地讨论得出结论的方法。(   )
22. 网络招聘受众较广、信息获取量较大。(   )
23. 自我介绍考察应聘者的性格特征、应变能力、知识层面、对企业的认同感等方面的内容。(   )
24. 人力资源培训工作是一个静态的过程,评估培训贯穿于整个培训的过程。(   )
25. 案例研讨法是在培训中应用最多的培训方法之一。(   )
26. 绩效管理可以实现人才的优化配置,达到人尽其用的目的。(   )

四、简答题

1. 简述组织工作的作用。
2. 简述管理幅度的确定方法。
3. 简述部门划分方法的优缺点。
4. 简述绩效管理的作用。
5. 简述外部招聘的缺点。

五、案例分析题

某公司现拟到S高校招聘应届毕业生,招聘专业为会计专业。你作为人力资源部门的负责人,需要设计招聘信息单进行发布。请你思考招聘流程以及撰写详细的招聘信息。

项目四　领　　导

知识目标

1. 熟悉并掌握领导的理论与概念
2. 掌握激励的理论与方式
3. 掌握沟通的方法与技巧

能力目标

1. 学会运用所学知识分析相关案例
2. 能运用所学知识处理领导工作中的实际问题

知识导航

领导
- 认识领导与领导者
  - 领导的概念
  - 领导的职能
  - 领导的艺术
- 激励员工
  - 激励理论概述
  - 激励理论的种类及应用
  - 激励的意义
  - 激励的原则
  - 激励的方式
- 沟通
  - 沟通的含义和内涵条件
  - 沟通的要素
  - 有效沟通的重要性
  - 有效沟通的7C原则
  - 有效沟通的技巧
  - 有效沟通的障碍因素
  - 如何进行有效的沟通
  - 实际工作当中应该采取的措施

任务1　认识领导与领导者

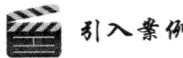引入案例

MT童车厂是一个童车制造企业。随着企业规模日益扩大，企业的事务也越来越多，企业大小事务都需厂长周某来做决断，周厂长疲惫不堪。秘书小王建议周厂长仿照其他企业对各部门进行授权，以减轻其工作压力。周厂长觉得可行，于是，他把各部门的人员召集起来说："大家都很了解目前公司的情况，近期也有员工向我提议给各个部门更多的权力。确实，目前公司发展到了这么大的规模，什么事情都是我一个人做决定，这是不行的。所以今后各个部门会有更多的权力。销售部、采购部、财务部、生产部和人事部等各个部门，你们都有各自的职责范围，从今天起，各个部门可以各自做决策。当然，重大的决策我们还是要在公司的会议上讨论通过再施行，非重大决策及日常的事务可由各部门自行决定。"自此，周厂长认为自己可以轻松一些了，但接下来发生的事情却让他无可奈何。

采购部非常小心谨慎，一切仍然严格遵守公司原来的做法，不管生产部门如何强烈要求采购更高端的原材料，依然使用原有的购货渠道，采购与之前一模一样的原材料。

生产部计划生产一批新产品，但由于采购部不肯采购与新产品所需的高端原材料，导致新产品无法投入生产。

销售部按照生产部的生产计划，拿到了一个大订单，且利润相当可观，本以为可以立一大功，结果因新产品不能投入生产，反而需要赔偿客户违约金，给公司造成了巨大的损失。

公司问题频出，各部门负责人都找周厂长告状。周厂长把各部门召集起来说："本想给各部门更多的权力，有利于我们厂的管理，但这段时间看来，这样做出现了很多问题，我们还是实行原来的一切由我来决策的方法吧。"于是，MT童车厂又恢复到了原来的管理模式。

案例思考：
1. 结合本案例，阐述领导的概念。
2. 结合本案例，分析领导的职能。
3. 什么是领导的授权？
4. 此案例中，周厂长给各部门授权之后为何出现了很多问题？

一、领导的概念

领导是管理工作过程中的一项重要而独特的职能。领导工作具有人与人互动的性质，领导者通过与被领导者的双向互动过程，促使组织成员更有效地实现组织目标。这使领导职能与其他管理职能形成了明显的区别。

"领导"一词有着多方面的含义。作为名词，领导指的是人，即领导者。领导者有两种类型：一种是居于领导职位的人，另一种是并不处于正式的领导职位但对他人有影响力的人。

第一种领导者,通常是指组织中被称为"上级"的人,包括全部的直线管理者以及配有下属的职能机构的负责人,都属于这一类领导者。这类领导者是组织正式任命的,拥有合法的权力,可以对被领导者行使指挥命令和奖励处罚的权力。除了这类领导者外,现实中还有一类领导者,他们是从一个群体里自然产生出来的,虽然并不拥有正式的职位和职权,也不需要运用某种权力,但却能对他人的活动产生实质性的影响。这种领导者具有非同凡响的领导才能。与之对比,组织中并不是所有处于领导职位的人都具有这一方面的领导才能。领导者与管理者的概念就存在着差别。

从正式组织的角度来看,什么样的管理者才是卓有成效的领导者呢?这就需要考察领导的职能。

作为动词理解,领导指的是一个领导者行为过程。卓越的领导者能够通过其领导过程,带领人们朝着一个更好的方向发展,并且不损害他人的利益。这样,他领导下的一批人则有可能成为具有凝聚力和战斗力的团体。

领导过程包含了确定一批人应当前进的方向以及实现预期目标两方面的内容。

二、领导的职能

本项目所讲的领导的职能是较为狭义的概念,仅指在目标既定的条件下影响群体的成员实现目标的过程。在组织的各种生产要素中,人的因素在很大程度上能直接或间接地决定组织目标是否实现及其实现的程度。因此,如何正确地领导组织成员,调动组织成员的积极性,实现领导者与组织成员间良好的信息沟通,是管理工作中的关键问题。

一个有效的领导者能够有力地影响其下属,使其技能和才智得到充分发挥,使组织取得更高的绩效。

基于领导的职能在管理过程中的重要作用,有人指出,在理想条件下,所有的管理者应该是领导者,即都应成为拥有管理权力并影响或促使组织成员努力实现既定目标的人。但现实中的管理者并不是都能使自己成为这样的领导者,尽管他们表面上都处于领导的职位。这类管理者也许会在计划、组织、控制和创新等方面做得非常出色,但只要不能有效地发挥对他人的影响作用,不能既居领导之"职"同时亦行领导之"能",那么他就不是名副其实的领导者。

领导与管理工作中的计划、组织、控制和创新职能的区别突出地表现在,领导的职能是与人的因素密切关联的,因而在领导工作职能开展的过程中,虽然管理心理学、组织行为学方面的知识并不可少,但领导行为过程往往更具有艺术性。

领导的职能包含着以下三个方面的含义。

1. 领导者要与被领导的群体或组织的其他人员产生联系

领导者包括其直接的下属,也可能还包括组织中的其他成员。被领导者可能心甘情愿地服从或被迫无奈地屈服,使自己处于被领导者的地位。

2. 领导者对被领导者产生各种影响

领导者具有引导和指挥下属思想和行为的权力,他不仅能够指挥他人"如何去做",而且能够影响其"去做什么"。领导者能够通过影响被领导者,使其表现出某种符合组织期望的行为。

3. 领导的目的是影响被领导者为实现组织目标做出贡献

与其他管理职能一样,领导工作也具有明确的目的性。这种目的可以使组织目标得到更好的实现、使组织成员在工作中得到发展。但领导的目的决不应该是为了体现领导者个人的权威。有效的领导者应当赋予被领导者发挥主动性和创造性的自由度。

三、领导的艺术

领导作为一种特殊的创造性的活动,是灵活的应变技巧与待人处事风格的巧妙结合,是一种非规范化、非模式化的领导技能和技巧的艺术体现。正是因为领导艺术的存在,才有运筹于帷幄之中,决胜于千里之外的军事家,才有审时度势,力挽狂澜的政治家。因此,管理者必须充分认识领导艺术的重要性,努力掌握科学的领导艺术,并在实践中不断提高领导艺术水平。

领导艺术始终存在于领导工作之中,包含的内容非常广泛、丰富。领导艺术包括授权的艺术、用人的艺术和批评的艺术等。

(一) 授权的艺术

授权是指授权者授予下属一定的权力和责任,使下属在一定的范围内,有相当于授权者的自主权和决定权。授权者对被授权者有监督权,被授权者对授权者有报告情况和完成相应工作的责任。

管理是一个极为复杂的事情。一个企业如果做大了,大事小事千头万绪,如果光靠管理者一个人去处理,即使这个管理者是孙悟空有七十二变的本领,恐怕也无济于事,也会事业没有成功就累死职场的。所以,管理学上讲授权很重要。

美国著名的管理行为学家布利斯有一句名言:一位好的经理,他的助手脸上总有一副烦忧的面孔。布利斯这句话的意思是说,好的管理者懂得向其下属和助手授权,会充分调动他们的主观能动性去完成任务,而不是自己包揽一切,结果使自己疲惫不堪,面孔烦忧。布利斯认为授权是管理者的良方,当管理者授权他人办事的时候,必须把足够的权力交付于他人,否则将会事半功倍,枉费力气。布利斯基于这个认识,提出了著名的"授权法则"管理理论。

布利斯的"授权法则"包括几个原则:第一是相近原则,给下级直接授权,不要越级授权;应把权力授予最接近做出目标决策和执行的人员,这样一旦发生问题,可立即做出反应。第二是授要原则,指授予下级的权力应该是下级在实现目标中最需要的、比较重要的权力和能够解决实质性问题的权力。第三是明责授权,授权要以责任为前提,授权同时要明确其职责,使下级明确自己的责任范围和权限范围。第四是动态原则。针对下级的不同环境条件、不同的目标责任及不同的时间,授予不同的权力。布利斯的"授权法则"只讲了授权的几个原则,但按照他的原则去授权也不可能把授权做得很好。如果没有信任的授权,方法再好,也达不到授权的管理效果。

授权的管理理念已被大多数企业家所认可,但在实际管理工作中能运用好授权的企业家并不多,往往有些企业家是假授权,授权的范围是很小的管理事务,大的管理事务几乎做不到授权,而有的领导授权后缺乏相应的监督和控制。本任务的"引入案例"就是授权变成了分权,造成了企业的混乱。

授权和分权都是企业管理的手段,授权和分权的实施也都是分配任务和权力下放过程,但授权和分权是有严格区别的。

两者的基本内涵不同。授权是上级授予下属责任和权力,分权是组织中权力的再分配;授权是在上下级进行,分权是在同一级进行;授权者对所授权力负有责任,授权者拥有决策权,被授权者没有决策权;分权者对分配后的职责不负有责任,被分权者具有决策权。

授权中一条最重要的原则,就是领导者把一部分权力和责任授予下属后,领导者依然负有责任。除此之外,还有一些原则应当遵循:

(1)"因事择人,视能授权。"应以被授权者的才能大小和工作水平高低为依据。

(2)授权之前,应当对被授权者进行严格的考察,力求将权力和责任授予最合适的人。

(3)应向被授权者明确交代任务目标及权责范围,便于被授权者在工作中有所遵循。

(4)授权者应对直接下属授权,而不应越级授权。

(5)凡是涉及有关组织全局的问题,不可轻易授权,一般应由领导层集体讨论研究,慎重决策。

(6)授权者对被授权者应保持必要的监督和控制,建立和掌握一套行之有效的控制方法。

(7)授权艺术是领导艺术的主要组成部分,因此,授权对领导艺术的培养是相当重要的。授权要对有管理能力的人授权。一名通过猎头公司新挖来的管理人才,可能以前没有为公司做出任何成绩,甚至可能以前效力于竞争对手,但如果他具有管理能力,并忠诚于公司,照样可以让他担任很高的领导职务。

(二)用人的艺术

人才的管理与使用对整个团队自身建设有着深远的影响,正确管理和使用人才直接决定着这个团队的建设与发展能否在健康有序的快车道上稳步前进。

世界上的资源有成千上万种,人才称得上是最宝贵的资源。学会任何一种学问,只能利用一种资源,而学会用人才、能够利用人才,才能去征服、利用万物。用人之法,一本而万利;用人之法,一劳而永逸。

人事问题是既复杂又关乎事业兴衰成败的大问题,用什么样的人?怎样用人?把什么样的人放在什么位置上能发挥更大的作用?为什么有的人朝气蓬勃、锐意进取;而有的人则死气沉沉、毫无生机?从中可以看到的一个不争的事实是:御人有术、善于用人的人,必大成;用人无方,不擅用人的人,必大败。

科学用人的艺术主要表现在知人善任、适度治人、科学用人、坦诚相待、合理授权等方面。

1. 知人善任

善于认识人的品德和才能,能更合理地选用他人。

2. 适度治人的艺术

坚持"让合适的人做合适的事"的原则,不断挖掘人的优点和长处,使人的最大优势与相关岗位相匹配,让人的优势能得到最大限度的发挥,创造出较高的价值。

3. 科学用人

任何情况下都是相对的、灵活的,不是绝对的、死板的,否则就要犯错误。在用人方面有许多做法,但要使人才充分发挥自己的聪明才智,信任也是尤为重要的。

4. 坦诚相待,合理授权的艺术

领导者对下属要做到坦诚相待,要做到用人不疑、疑人不用。在人才选拔的时候,要严把人员的入口关,对候选人员严格筛选以确保其德行和能力符合要求。

(三) 批评的艺术

批评下属是一件不太轻松也不容易的事情,有时会令那些缺乏管理知识和经验的领导者感到无所适从。但谁都会犯错误,批评也是一种艺术。如果领导者不懂得如何批评下属,就有可能降低部门的工作效率,甚至影响整个团队的工作情绪。

1. 批评前弄清事实

弄清事实是正确批评的基础。有些领导者一时激动就不分青红皂白对下属进行批评,而忽略了对客观事件本身进行全方位的调查。

2. 对事不对人

日本著名管理学家大前研一曾说:"能做到对事不对人,就不会在乎自己的立场。因为事实出现之后,你就会忠于事实,坦然接受这个事实。不能忠于事实,不但无法洞悉问题的本质,也不可能走完找到正确解决方案的过程。"批评人应尽量准确、具体,对方哪件事做错了,就批评哪件事,不能因为某件事做错了,就论及这个人如何不好,以一件事来论及整个人,把他说得一无是处,如用"从来""总是""根本""不可救药""我算看透你了"等言词来否定人,都是不可取的,应当避免。

因此,为了找出真正的解决方案,首先必须让自己站在没有偏见的立场上。不针对人,批评某种行为,而不要批评某个人;对事不对人,强调的是一种公平原则,一种一视同仁的态度,从某种角度而言是对员工对下属的尊重。而且对事不对人有利于形成一种公平的氛围,有利于企业理性健康的成长。

3. 考虑妥当的批评方式

批评的方式有很多种,这就需要领导者根据具体的当事人和事件进行选择。比如,性格内向的人对别人的评价非常敏感,可以采用以鼓励为主、委婉的批评方式;对于生性固执或自我感觉良好的员工,可以直白地告诉他犯了什么错误。

卡耐基说:"让他人有面子,这是十分重要的事。有些人却很少想到这一点,经常残酷地抹杀他人的感觉,又自以为是,如在他人面前批评孩子或员工,找差错,发出威胁,甚至不去考虑是否伤害到别人的自尊。"对于严重的错误,要采取正式的、公开的批评方式;对于轻微的错误,则可以私下里点到为止。

任务2 激励员工

引入案例

Z企业是一家规模较大的互联网企业，其产品线覆盖即时通讯、门户、搜索、社区服务、增值服务、娱乐平台、电子商务等，该企业有其独特的员工激励方式。

Z企业认为"人才是第一资源"。该企业有员工2 000多人，80%以上具有大学本科以上学历，员工主要来自各专业院校及多所重点院校。

Z企业不仅大量的招聘高素质人才，还制定了以人为本的人才激励制度。企业起薪点高，薪资一般要高于同行业平均水平，所需人才如果被聘用，会享受优于同行业外资企业提供的薪资待遇。员工收入的分配和奖励形式有工资、奖金、安全退休金、医疗保障、股权、红利。其中工资是职能工资制；奖金的提取与利润挂钩，其分配是根据贡献与责任。企业采取按劳分配与按资分配相结合的分配方式，始终认为劳动、知识、企业家和资本共同创造公司的全部价值。在具体物质奖励中，企业一方面利用高工资进行短期的物质激励，另一方面注重长期的物质激励。

Z企业的工资分配是实行基于能力的职能工资制。员工的工资不仅与其业绩挂钩，还与其工作态度、责任心和能力挂钩。这使员工受到长期的激励，促使员工在做好分内工作的同时，还努力寻求自己能力的成长。职能工资制能使员工发挥其能动性和创造性。只要能够施展自己的才华，每时、每刻、每个岗位、每条流程都能够成为员工发挥自己能力的舞台，这样的制度称为全员接班制，从而为有能力的员工提供了一个发挥自己才能的宽松环境。

员工持股制是Z企业价值分配体制中核心、有激励作用的制度。在股权上实行员工持股，但要向有才能和责任心的人倾斜，以利益形成中坚力量。员工普遍持有企业股份的机会。每一个年度，员工可根据对其评定的结果，认购一定数量企业的股份。股金的评定以责任心、敬业精神、发展潜力、做出贡献为主要的标准。企业通过股权的安排，使最有能力和责任心的人成为企业剩余价值的索取者。企业的股权分配强调持续性贡献，主张向核心层和中间层倾斜。

企业在进行物质激励的同时，也注重对员工的精神激励。企业为员工提供了大量的培训、参观和学习的机会，员工不再被看成是雇员，而是企业的主人，随企业的成长而发展。作为主人，员工在企业内更享有建议权、质疑权和获得帮助等系列的权力，能够获得企业开放的资源，这样，员工在有需要时就能够很方便地得到企业资源的滋养，因而更容易获得成长的机会。

另外，企业还专门设立一些如荣誉奖、职权等多种形式的精神激励，对员工点点滴滴的进步都给予奖励，把职权作为员工晋升的通道、奖励的形式。企业通过一定的职位给一部分员工提供晋升的机会，从而使员工有更强烈的进取心。

企业不仅提供了舒适的工作环境,也关心员工的业余生活。企业会定期组织多种多样的活动丰富员工的生活,提供经费鼓励员工下班后聚餐,一起打球等活动。这些措施有效地增加了员工工作的满意程度,获得员工的认同感与忠诚度。

案例思考:
1. Z企业有哪些激励员工的措施?
2. 该企业的激励措施是针对员工的哪些需要制定的?
3. 该企业的激励措施遵循了激励的哪些原则?
4. 分析该企业的激励方式。

一、激励理论概述

激励是指通过对员工的需要给予适当的满足,激发员工的工作动机,使之产生实现组织目标的特定行为的过程。

在经济发展过程中,劳动分工与交易的出现带来了激励问题。激励理论是行为科学中用于处理需要、动机、目标和行为四者之间关系的核心理论。行为科学认为,人的动机来自需要,由需要确定人们的行为目标,激励则作用于人的内心活动,激发、驱动和强化人的行为。

早期的激励理论研究是对于"需要"的研究,回答了以什么为基础,或根据什么才能激发调动起工作积极性的问题,包括马斯洛的需求层次理论、赫茨伯格的双因素理论和麦克利兰的成就需要理论等。

激励理论中的过程学派认为,通过满足人的需要实现组织的目标有一个过程,即需要制订一定的目标影响人们的需要,从而激发人的行动,包括弗洛姆的期望理论、亚当斯的公平理论、斯金纳的强化理论等。

领导激励是指领导者激发、鼓励和调动人的热情和动机,使人潜在的工作动机尽可能充分发挥和维持,更好地实现社会和组织目标的过程。社会发展的最终目标,就是最大限度地满足人的丰富多彩的、精神的和物质的需要。

领导激励的实质,就是如何有效地调动人的积极性、主动性和创造性。在激励中,领导者要正确认识人、鼓励人、尊重人及爱护人,必须以人本理论为指导。把握人的各种行为与人的需要和发展的关系,激发人的积极性、创造性,最大限度地发挥员工的潜能。

二、激励理论的种类及应用

激励理论是关于如何满足人的各种需要、调动人的积极性的原则和方法的概括总结。激励的目的在于激发人的正确行为动机,调动人的积极性和创造性,以充分发挥人的智力效应,做出最大成绩。20世纪二三十年代以来,国外许多管理学家、心理学家和社会学家结合现代管理的实践,提出了许多激励理论。主要的激励理论有三大类,分别为内容型激励理论、过程型激励理论和行为修正型激励理论。

(一) 内容型激励理论及其应用

内容型激励理论,是针对激励的原因与激励作用的因素的具体内容进行研究的理论。

1. 马斯洛的需求层次理论

马斯洛需求层次理论认为人类的需求是有等级层次的,从最低级的需求逐级向最高级的需求发展。需求按其重要性依次排列为生理需求、安全需求、社会需求、尊重需求和自我实现需求。只有低层次的需求得到部分满足以后,高层次的需求才有可能成为行为的重要决定因素;高层次的需求比低层次需求更有价值,人的需求结构是动态的、发展变化的,当某一级的需求获得满足以后,这种需求便终止了其激励作用。

(1) 生理需求应用。生理需求属于级别最低、最具优势的需求,如食物、水、空气、性欲、健康。未满足生理需求的特征:什么都不想,只想让自己活下去,思考能力、道德观明显变得脆弱。例如,当一个人极需要食物时,会不择手段抢夺食物,人民在战乱时,是不会排队领面包的。假设员工为报酬而工作,可以以满足生理需求来激励下属。

激励措施:增加工资、改善劳动条件、给予更多的业余时间和工间休息、提高福利待遇。

(2) 安全需求应用。安全需求同样属于低级别的需求,其中包括人身安全、生活稳定以及免遭痛苦、威胁或疾病等。缺乏安全感的特征:感到自己和身边的事物受到威胁,觉得这世界是不公平或是危险的;变得紧张、彷徨不安,认为一切事物都是"恶"的。

激励措施:强调规章制度、职业保障、福利待遇,并保护员工不致失业,提供医疗保险、失业保险和退休福利、避免员工收到双重的指令而混乱。

(3) 社交需求应用。社交需求属于较高层次的需求,如对友谊、爱情以及隶属关系的需求。缺乏社交需求的特征:因为没有感受到身边人的关怀,而认为自己没有价值活在这世界上。

激励措施:提供同事间社交往来机会,支持与赞许员工寻找及建立和谐温馨的人际关系,开展有组织的体育比赛和集体聚会。

(4) 尊重需求应用。尊重需求属于较高层次的需求,如成就、名声、地位和晋升机会等。尊重需求既包括对成就或自我价值的个人感觉,也包括他人对自己的认可与尊重。无法满足尊重需求的特征:变得很爱面子,或是很积极地用行动来让别人认同自己也很容易被虚荣所吸引。

激励措施:公开奖励和表扬,强调工作任务的艰巨性以及成功所需要的高超技巧。颁发荣誉奖章、在公司刊物发文章表扬、优秀员工光荣榜。

(5) 自我实现需求应用,自我实现需求是最高层次的需求,包括针对真善美至高人生境界的需求。因此前面四项需求都能满足时,最高层次的需求才能相继产生。自我实现需求是一种衍生性需求,如自我实现、发挥潜能等。缺乏自我实现需求的特征:觉得自己的生活被空虚感给推动着,要自己去做一次身为一个"人"应该在这世上做的事,需要有让他能更充实自己的事物、尤其是让一个人深刻地体验到自己没有白活在这世上的事物。也开始认为价值观、道德观胜过金钱、爱人、尊重和社会的偏见。

激励措施:设计工作时运用复杂情况的适应策略,给有特长的人委派特别任务,在设计工作和执行计划时为下级留有余地。

2. 奥德弗的 ERG 理论

"ERG"理论是生存—相互关系—成长需要理论的简称。奥德弗认为,职工的需要有三类:生存需要(E)、相互关系需要(R)和成长发展需要(G)。

该理论认为,各个层次的需要受到的满足越少,越为人们所渴望;较低层次的需要越是能够得到较多的满足,则较高层次的需要就越渴望得到满足;如果较高层次的需要一再受挫折得不到满足,人们会重新追求较低层次需要的满足。这一理论不仅提出了需要层次上的满足呈上升趋势,而且也指出了从挫折到倒退的趋势,这在管理工作中很有启发意义。

3. 麦克利兰的成就需要理论

麦克利兰认为,在人的生存需要基本得到满足的前提下,成就需要、权利需要和合群需要是人的最主要的三种需要。成就需要的高低对一个人、一个组织发展起着特别重要的作用。该理论将成就需要定义为:根据适当的目标追求卓越、争取成功的一种内驱力。

该理论认为,成就需要强烈的人事业心强,喜欢那些能发挥其独立解决问题能力的环境。在管理中,只要对其提供合适的环境,就会充分发挥其能力;权利需要较强的人有责任感,愿意承担需要的竞争,并且能够取得具有较高的社会地位的工作,喜欢追求和影响别人;合群需要是人们追求他人的接纳和友谊的欲望。合群需要欲望强烈的人渴望获得他人赞同,高度服从群体规范,忠实可靠。

4. 赫兹伯格的双因素理论

赫兹伯格根据职工满意体验不同将激励因素分为保健因素与激励因素,保健因素并不能使员工感到激励,但如果达不到职工可接受的最低水平时,会引发职工的不满情绪。比如,公司的政策、行政管理、职工与上级之间的关系、工资、工作安全和工作环境等;激励因素能够使职工感到满意,大都属于工作内容和工作本身三方面的,如工作的成就感、工作成绩得到上司的认可、工作本身具有挑战性等,这些因素的改善,能够激发职工的热情和积极性。

这一理论告诉人们,管理者首先应该注意满足职工的"保健因素",防止职工消极怠工,使职工不致产生不满情绪,同时还要注意利用"激励因素",尽量使职工得到满足的机会。

(二) 过程型激励理论及其应用

过程型激励理论,是研究从人的动机产生到最终采取行动的心理过程的理论。过程激励理论的主要任务是找出对行为起决定作用的某些关键因素,理清相互之间的关系,以预测和控制人的行为。

1. 弗鲁姆的期望理论

弗鲁姆认为,一种激励因素的作用大小取决于两个方面:一是人对激励因素所能实现的可能性大小的期望;二是激励因素对其本人效价的大小。激励力量等于期望值和效价的乘积,即:

$$激励力量 = 期望值 \times 效价$$

"期望值"是指根据过去的经验,对获得某种结果概率的判断。

"效价"是指此人对这个激励因素的爱好程度,即对他所要达到目标的价值的估计。

在管理工作中应用"期望"理论,要注意以下方面:

第一,要科学地设置目标,使目标给人以期望,从而产生心理动力。

第二,要提高期望水平,提高员工对目标的重要意义的认识,这样就会提高效价。

第三,正确处理好期望与结果关系,防止员工期望过高,导致失望太大。

2. 亚当斯的公平理论

"公平理论"是研究人的动机和知觉关系的一种理论。亚当斯认为,员工对其所得到报酬是否满意,不是只看其绝对值,而会进行社会比较和历史比较,看其相对值。两种比较结果相等时就公平,公平就能激励人。反之,就会使人感到不公平,不公平就产生紧张、不安和不满情绪,影响工作积极性的发挥。在管理工作中应用亚当斯的理论时,要加强对职工的思想教育,防止在工作评定中贬低别人、抬高自己、搬弄是非、左右舆论和制造矛盾等不良倾向。

(三)行为改造型激励理论及其应用

行为改造理论是研究如何改造和转化人们的行为,使其达到目标的一种理论。

1. 亚当斯的挫折理论

由于目标无法实现,动机和需要不能满足,会导致产生一种情绪状态,这就是"挫折"。

(1)使人产生挫折心理的三个必备条件:

第一,个人所得期望的目标是重要的、强烈的。

第二,个人认为这种目标有可能达成。

第三,在目标与现实中存在难以克服的障碍。

(2)人受挫折后的行为表现:

根据不同人的心理特点,受到挫折后的行为表现主要有两大类:

第一,采取积极进取态度,采取减轻挫折和满足需要的积极适应的态度。

第二,采取消极态度,甚至是对抗态度,诸如攻击、冷漠、幻想、退化、忧虑、固执和妥协等。

在管理工作中,第一,要培养员工掌握正确战胜挫折的方法,教育员工树立远大的目标,不要因为眼前的某种困难和挫折而失去前进的动力;第二,要正确对待受挫折的员工,为员工排忧解难,维护员工的自尊,使员工尽快从挫折情境中解脱出来;第三,要积极改变情境,避免受挫折员工"触景生情",防止造成心理疾病和越轨行为。

2. 斯金纳的强化理论

心理学认为,人的行为的结果对动机有反作用。如果行为的结果是好的,就能对动机起正强化作用,即能使人的行为得到加强和重复;如果行为的结果是不好的,会对动机起负强化作用,使人的行为削弱或消失。运用强化理论来影响、加强或改变职工的行为时,要注意采用以下方法:

第一,要按照职工的不同需要,采用不同的强化物。

第二,及时的信息反馈。

第三,奖惩结合,以正强化为主。

3. 海德的归因理论

海德的归因理论是关于人的某种行为与其动机、目的和价值取向等属性之间逻辑结合的理论。归因可分为两类:一是情境归因,二是个性倾向归因。情境归因是把个人行为的根本原因归为外部力量,如环境条件、社会舆论、企业的设备、工作任务、天气的变化等。个性倾向归因,是把个人行为的根本原因归结为个人的自身特点,如能力、兴趣、性格、努力程度等。

在管理工作中当员工完成任务受挫折时,管理人员要及时了解职工的归因倾向,才能帮助职工正确总结经验教训和顺利进行归因,使职工胜不骄、败不馁,进一步严格要求自己,更加发奋努力工作。

三、激励的意义

激励是领导活动中重要的职能之一,其意义主要表现在以下几方面。

(一)提高员工工作的自觉性、主动性和创造性

激励可以提高员工接受和执行组织目标的自觉程度,解决员工对工作价值的认识问题,使其充分认识所从事工作的必要性。利益是调节人行为的重要因素,领导者在设置目标时,在保证国家和集体利益的前提下,应当尊重个人利益,使个人目标与组织目标尽可能协调一致,一致性程度高,员工的自觉性、主动性和创造性就能够得到有效发挥。反之,便会出现消极怠工,甚至产生抵触心理。工作的自觉性、主动性和创造性是工作取得突破性进展的重要保证。

(二)激发员工的工作热情和兴趣

激励不仅可以提高员工对自身工作的认识,而且还能够激发员工的工作热情和兴趣,解决工作态度和认识倾向问题,投入自己的全部精力为达到预期目标而努力。兴趣是影响动机形成的重要因素。强烈而稳定的职业兴趣,是保证员工掌握技术、进行创新、充分发挥自身能力的重要心理条件。通过激励可以使员工对工作产生稳定而浓厚的兴趣,使员工对工作产生持久的注意力和高度的敏感性,形成对自身职业的热爱。

(三)提高员工的工作绩效

激励以世界观为个人行为的最高调节器,以处于积极活跃状态的需要和动机为核心因素,并含有对工作意义的认识及对实现目标可能带来结果的判断。激励可以激发员工的干劲,充分挖掘员工的潜力,提高工作绩效。心理学家詹姆斯在研究中发现,按时计酬的员工仅发挥其能力的 20%～30%,而如果受到了充分的激励,员工的能力可以发挥至 80%～90%。同样一个人,通过充分激励后,发挥的作用相当于激励前的 3～4 倍。

(四)创造和维持良好的环境

领导者可以通过营造有利的环境,促使组织成员的动机更强烈,使群体中的个人很好地为共同目标而努力工作,创造出一个良好的工作环境。在质量优、信誉好的组织里,员工往往受到信誉的激励而努力工作。

(五) 引导员工活动的方向

所有人类行为的基本要素,都是一些行为或精神方面的活动。问题是员工在某一时刻会产生什么行为,以及为什么会产生这些行为。而行动是看目标的,因此,领导者通过激励引导员工在某些活动上做出贡献,有助于社会或组织达成它们的任务和目标。

四、激励的原则

(一) 物质激励与精神激励相结合的原则

领导者在对员工进行激励时,注重物质激励与精神激励相结合,单纯的物质激励或精神激励效果是不好的。马克思曾经指出过,员工为之奋斗的一切都与他们的利益有关,但它并非是万能的、绝对的、在任何条件下都有效的。随着社会的进步,精神需要在员工心目中有着越来越重要的地位。物质激励和精神激励是相辅相成的。精神激励,像各种形式的表扬、颁发奖状、授予荣誉称号、合理分派工作、职务晋升等,不仅能够满足员工精神和社会的需要,而且具有教育性,对物质需要有重要的调节作用。

(二) 个人利益与社会利益一致性的原则

由于社会现实条件的制约,人的某些合理的需要一时难以得到满足,这会产生个人需要同社会利益不一致的矛盾。为了有效达到激励的目的,领导在进行激励的时候,一方面,要重视个人目标和个人需要;另一方面,也要认识到社会目标和社会现实条件,尽可能在两者的结合点上运用正确的激励方式和方法,使个人的需要融入社会客观需要当中。

(三) 及时适度与因人而异的原则

及时是指让员工尽快看到成绩的利益与过失的结果,适度则是指要求功过与赏罚相适应。激励如果不及时适度,不仅失信于人,损伤积极性,而且还可能产生怨恨,激发矛盾,造成混乱。同时,激励必须因人而异,如对追求物质利益的人来说,给他们精神方面的激励明显是不合适的。在同一种激励方式中,又有不同的内容。例如,同是物质激励,既可以是货币激励,也可是实物激励,而不同的激励对象对此又有不同的需求,因此会产生不同的效应。

五、激励的方式

需求是促使员工行为的原动力,任何有效的激励方式都必须从满足员工的某种需求出发。由于员工的需要多种多样,因而领导的激励方式也要具有多样性。

(一) 目标激励

目标是活动的未来状态,是激发人的动机、满足人的需要的重要诱因。领导者在调动员工积极性时,可以设置适当的目标来激发员工的动机。合理的目标应该具有价值性、挑战性和可能性。它必须满足一定的社会需要、群体需要和个人需要,付出相应的努力才能实现,目标过高过低都不利于对员工的激励。

(二) 参与激励

参与激励就是让员工参与本部门、本单位重大问题的决策与管理,并对领导者的行为进行监督。这种做法可充分调动员工的积极性,对提高效率和管理水平十分有效。通过对话达到参与激励的目的,员工可提出各种意见和质疑,领导者听取意见、回答质疑。这样就可能在领导者和员工之间架起一座桥梁,达到彼此沟通、交流思想、相互理解的目的。通过参与激励,领导与员工之间可以营造出一种良好的相互支持、相互信任的氛围,具有极大的激励作用。

(三)奖罚激励

在奖罚激励的过程中,领导者要善于把物质激励与精神激励结合起来。激励要及时,过时的激励,不仅削弱激励的作用,而且可能导致员工对激励产生漠然视之的态度。激励的方式要考虑到下属的需要,做到因人而异;激励的程度要同下属的贡献相当,领导者要根据员工贡献的大小拉开激励档次。激励的方式要富于变化。

惩罚的方式也是多种多样的,领导者要做到惩罚合理,达到化消极因素为积极因素的目的。惩罚要和帮教结合。实施惩罚时,一定要辅以耐心的帮助教育,使受惩罚者知错改过。掌握好惩罚的时机,查明真相时,要及时进行处理。惩罚时要考虑其行为的原因和动机。对行为不当或过失但动机尚好的,或主要因客观原因所致的,应从轻惩罚;对一般性错误,惩罚宜轻不宜重。在对过失者进行惩罚时,应考虑到错误的性质和过失者本人的个性特征,有针对性地进行惩罚。

(四)公正与公平激励

人对公平是敏感的,有公平感时,会心情舒畅,努力工作;而感到不公平时,则会怨气冲天,大发牢骚,影响工作的积极性。公平激励是强化积极性的重要手段。公正要体现于领导者对部门利益的合理分配,在工作过程中,领导在对员工的分配、晋级、奖励、使用等方面要力求做到公平、合理。

(五)关怀激励

领导者关心支持下属的工作,是关怀激励的一个重要的方面。支持下属的工作,就要尊重他们,注意保护他们的积极性,领导者要经常与下属谈心,了解他们的要求,帮助他们克服种种困难,并为他们的工作创造有利的条件。下属在领导者的支持下,就会干劲倍增,更有勇气和信心克服困难,顺利完成工作任务。

(六)荣誉激励

荣誉激励,主要是把工作成绩与晋级、提升、选模范和评先进联系起来,以一定的形式或名义标定下来,主要的方法是表扬、奖励及经验介绍等。荣誉可以成为不断鞭策荣誉获得者保持和发扬成绩的力量,还可以对其他人产生感召力,激发比、学、赶、超的动力,产生较好的激励效果。

任务3 沟 通

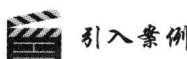
引入案例

MAK,是一家世界性连锁企业,主要涉足零售业,企业有5 000多家门店,分布于全球多个国家。

该企业关于"顾客服务"的原则有两条规定:第一,顾客永远是对的;第二,如果对此有疑议,请参照第一条执行。"让顾客满意"是公司的重要目标,"顾客满意是保证未来成功与成长的看好投资"。为顾客提供"高品质服务"和"无条件退款"的承诺也不是漂亮的口号。百分之百的诚信与规矩,确保了每个顾客都无后顾之忧,这怎能不让人对其产生偏爱和忠诚之心呢?

为了吸引顾客,MAK有一个非常有名的"三米微笑"原则:它要求员工做到"当顾客走到距离三米范围内时,要温和地看着顾客的眼睛向他打招呼,并询问是否需要帮助。同时,对顾客的微笑还有量化的标准,即对顾客微笑时要露出"八颗牙齿",为此他们聘用那些愿意看着顾客眼睛微笑的员工。每周都有对顾客期望和反映的调查,管理人员根据电脑信息系统收集信息,以及通过直接调查收集到的顾客期望而及时更新商品的组合,组织采购,改进商品陈列摆放,营造舒适的购物环境。通过这一招,给顾客创造了一个非常舒适的购物环境。

该企业的成功是基于坚强的信念:让每一位员工实现个人的价值,员工不是只会用双手干活的工具,而被视为一种丰富智慧的源泉。员工是合伙人,授予员工参与权。企业与员工共同掌握企业的重要经济指标是整个企业不断升格的经营原则。分享信息和责任也是合伙关系的核心。员工只有充分了解业务进展情况,才会产生责任感和参与感。员工意识到自己在企业里的重要性,才会努力取得更好的成绩。与员工沟通和联络感情,能使员工产生责任感和参与感,意识到自己的工作在企业的重要性,感觉自己得到了企业的尊重和信任,积极主动地努力争取更好的成绩。企业认为,如果员工了解的越多,理解越深,他们对工作也就越关心,那就什么困难也不能阻拦他们。企业感激员工为企业做的每一件事。会经常在适当的时机感激员工做出的贡献,并设置了目标达成奖金、销售奖金、分红奖金、员工入股和资深职工奖励等多种奖励措施。

无论是与客户的沟通,还是与员工的沟通,该企业无疑是比较成功的。

案例思考:
1. 该企业是如何与客户和员工进行沟通的?
2. 结合该案例分析沟通的要素。
3. 结合该案例分析沟通的技巧。

一、沟通的含义

沟通是信息、思想与情感凭借一定的符号载体,在个人或群体间从发送者到接收者进行传递,并获取理解达成协议的过程。

沟通的信息流表达:信息时间域流——记忆;信息空间域流——溯源;信息时空域流——传播。

有效的沟通是指通过听、说、读、写等载体,通过演讲、会见、对话、讨论、信件等方式将思维准确、恰当地表达出来,以促使对方更好的接受。有效沟通越来越多地被应用在企业管理上,是管理者必备的一项素质。

二、沟通的要素

沟通包括以下要素,只有这些沟通要素有机地结合在一起的时候,才能构成沟通的有效体系,实现信息的有效交流。

(一)发送者

信息的发送者也可以称为传送者,是制造信息的人,是沟通的发启者。发送者在沟通中处于主动的地位,首先要确定沟通的目标,明确要传送的内容,考虑采用什么形式进行传送,然后把所要传送的思想、情报和情感等内容,通过转换变成对方所能理解的信息传送出去,经过一定的渠道让对方接受,因而发送者是首要的沟通者。

信息编码是指发送者将其所要传播的内容和思想,以语言、文字或其他符号进行传递和接收。

(二)接收者

信息的接收者可以简称为接收者。发送者和接收者共同构成沟通主体。沟通具有一定的目的性,是要把一定的信息传送给特定的对象。因为沟通多以双向沟通的形式出现,所以沟通中传送者和接收者的划分也是相对的,当接收者将自己的反应或问题反馈到发送者那里的时候,两者的位置互换。

当发送者发出信息后,接收者通过一定的渠道收到信息并有选择地吸收消化这些信息,进一步转化为自己理解的内容和意念,经过判断采取相应的行为,因而接收者是相应的沟通者。

接收者将获得的信息转换为自己所能理解的概念的过程称为译解(又称译码、解码)。译解接收信息时一定要做到完整。

(三)信息

传递过程中的内容称作信息。内容能够成为信息被传送,需要转变为发送者与接受者都能理解的符号即语言、文字等。

(四)沟通渠道

传递的途径和方式也可称为渠道(或通道、路径),是指由发送者选择的,借由传递信息的媒介,包括直观、口头、书面以及感官等。它是传递社会意识的直接物质载体。渠道的选择直接关系到信息传递或反馈的效果。不同的信息内容要求不同的渠道。

(五)障碍

无论何种类型的信息在沟通过程中都可能因为某些因素的影响,或沟通系统本身存在问题而失真或误传,这种现象被称之为障碍,或借助于通讯的概念称之为噪声。根据沟通的基本过程,沟通障碍产生的因素有以下方面。

(1)信息发送者对信息表达的障碍。接收者由于语言和文字能力不强,或在传送之前不够深思熟虑而造成所传送的讯息不够充分、不够清楚、不够准确;发送者讲空话、大话和套话,或作风高高在上,与接受者心理距离太大造成接受者产生逆反心理等,均会造成沟通中的壁垒与障碍。

（2）沟通渠道的障碍。沟通的中间环节过多,特别容易引起信息的损耗。当沟通的人数增加时,沟通渠道急剧增加,给相互沟通带来困难。发送者与接收者之间空间距离过大,接触机会少容易产生沟通障碍。选用错误的沟通渠道也会产生障碍,如对不太识字的人群发放文字资料,对一个认为食指有贬义的人竖起食指表示数值。典型的问题是"过滤",也就是信息丢失。

（3）信息接收者方面的障碍。接收者对新的信息不感兴趣、不重视、精力不集中,或接收者听话、阅读、记忆、理解等方面的能力有限均会成为沟通的障碍。

（六）反馈

反馈用在沟通中是指接收者对发送者信息的反应。这种反应有认识、说服、证实、决定和实行等多种表现,通过反馈,发送者可以了解接收者对传送信息的要求、愿望、评价及态度等。反馈可分为不同类型,如正反馈（受者理解了信息）和负反馈（受者误解了信息）;直接反馈（直接来源于受者的语言、表情等）和间接反馈（通过特定的人、组织等第三者得到）;真实反馈和假性反馈（经过伪装的反应）等。

（七）关系

关系指发送者与接收者之间的亲密关系、接受信任程度以及相互间的结合力。信息发送者的权威性、品德与作风都会影响受者的接受。

（八）环境

沟通总是发生在一定的情景和场合中,沟通的环境可以影响其他要素或者整个沟通过程。

三、沟通的重要性

管理沟通是为了一个设定的目标,把信息、思想和情感在特定个人或群体间传递,并且达成共同协议的过程。沟通是自然科学和社会科学的混合物,是组织管理的有效工具。沟通还是一种技能,是一个人对本身知识能力、表达能力和行为能力的发挥。无论是组织管理者还是普通的职工,都是组织竞争力的核心要素,做好沟通工作,无疑是组织各项工作顺利进行的前提。沟通在组织管理中的重要性主要表现在以下几方面。

（一）准确理解组织决策,提高工作效率,化解管理矛盾

组织决策需要一个有效的沟通过程才能施行,沟通的过程就是对决策的理解传达的过程。决策表达得准确、清晰、简洁是进行有效沟通的前提,而对决策的正确理解是实施有效沟通的目的。在领导决策下达时,领导者要和执行者进行必要的沟通,以对决策达成共识,使执行者准确无误的按照决策执行,避免因对决策的曲解而造成的执行失误。

一个组织的群体成员之间进行交流包括相互在物质上的帮助、支持和感情上的交流、沟通,信息的沟通是联系组织共同目的和组织中有协作的个人之间的桥梁。同样的信息由于接收人的不同会产生不同的效果,信息的过滤、保留、忽略或扭曲是由接收人主观因素决定的,是他所处的环境、位置、年龄、教育程度等相互作用的结果。由于对信息感知存在差异

性,就需要进行有效的沟通来弥合这种差异性,以减小由于人的主观因素而造成的时间或金钱上的损失。准确的信息沟通会提高工作效率,舍弃一些不必要的工作,以最简洁、最直接的方式取得理想的工作效果。为了使决策更贴近市场变化,组织内部的信息流程也要分散化,使组织内部的通信向下一直到最低的责任层,向上可到高级管理层,并横向流通于组织的各个部门、各个群体之间。在信息的流动过程中必然会产生各种矛盾和阻碍因素,只有在部门之间、职员之间进行有效的沟通才能化解这些矛盾,使工作顺利进行。

(二)从表象问题过渡到实质问题的手段

组织管理讲求实效,只有从问题的实际出发,实事求是才能解决问题。而在沟通中获得的信息是最及时、最前沿、最实际、最能够反映当前工作情况的。在组织的经营管理中出现的各种各样的问题,只从事物的表面现象来解决问题,不深入了解情况,接触问题本质,会给企业带来灾难性的损失。

个人与个人之间、个人与群体之间、群体与群体之间开展积极、公开的沟通,从多角度看待一个问题,那么在管理中就能统筹兼顾,未雨绸缪。在许多问题还未发生时,管理者就从表象上看到、听到、感觉到,经过研究分析,把一些不利于组织稳定的因素扼杀掉。组织是在不断解决经营中的问题中前进的,组织中问题的解决是通过组织中有效的沟通实现的。

(三)激励职工,形成健康、积极的组织文化

人具有自然属性和社会属性,在实际的社会生活中,在满足其生理需求时还要满足其精神需求。每个人都希望得到别人的尊重,社会的认可和自我价值的实现。一个优秀的管理者,就要通过有效的沟通影响甚至改变职员对工作的态度、对生活的态度。把那些视工作为负担,对工作三心二意的员工转变为对工作非常投入,工作中积极主动,表现出超群的自发性、创造性。在有效沟通中,组织管理者要对职工按不同的情况划分为不同的群体,采取不同的沟通方式。例如,按年龄阶段划分为年轻职工和老职工,对年轻的资历比较浅的职工采取鼓励认可的沟通方式,在一定情况下让他们独立承担重要工作,并与他们经常在工作生活方面沟通,对其工作成绩认可鼓励,激发他们的创造性和工作热情,为组织贡献更大的力量。对于资历深的老同志,组织管理者应重视尊重他们,发挥他们的经验优势,与他们经常接触,相互交流,给予适当的培训,以调动其工作积极性。

四、如何进行有效沟通

(一)有效沟通的 7C 原则

美国著名的公共关系专家特立普和森特在他们合著的被誉为"公关圣经"的著作《有效的公共关系》中提出了有效沟通的"7C"原则:

Credibility:可信赖性,即建立对传播者的信赖。

Context:一致性(又译为情境架构),指传播须与环境(物质的、社会的、心理的、时间的环境等)相协调。

Content:内容的可接受性,指传播内容须与受众有关,必须能引起他们的兴趣,满足他们的需要。

Clarity：表达的明确性，指信息的组织形式应该简洁明了，易于公众接受。

Channels：渠道的多样性，指应该有针对性地运用传播媒介以达到向目标公众传播信息的作用。

Continuity and consistency：持续性与连贯性，沟通是一个没有终点的过程，要达到渗透的目的，必须对信息进行重复，但又须在重复中不断补充新的内容，这一过程应该持续地坚持下去。

Capability of audience：受众能力的差异性，沟通必须考虑沟通对象能力的差异（包括注意能力、理解能力、接受能力和行为能力），采取不同方法实施传播才能使传播易为受众理解和接受。

（二）有效沟通的条件

达成有效沟通须具备两个必要条件：首先，信息发送者清晰地表达信息的内涵，以便信息接收者能确切理解；其次，信息发送者重视信息接收者的反应并根据其反应及时修正信息的传递，免除不必要的误解。两者缺一不可。有效沟通主要指组织内人员的沟通，尤其是管理者与被管理者之间的沟通。

有效沟通能否成立关键在于信息的有效性，信息的有效程度决定了沟通的有效程度。信息的有效程度又主要取决于以下几个方面。

1. 信息的透明程度

当一则信息应该作为公共信息时就不应该导致信息的不对称性。信息必须是公开的，公开的信息并不意味着简单的信息传递，而要确保信息接收者能理解信息的内涵。如果以一种模棱两可的、含糊不清的文字语言传递一种不清晰的，难以使人理解的信息。对于信息接收者而言没有任何意义。另外，信息接收者也有权获得与自身利益相关的信息内涵。否则有可能导致信息接收者对信息发送者的行为动机产生怀疑。

2. 信息的反馈程度

有效沟通是一种动态的双向行为，而双向的沟通对信息发送者来说应得到充分的反馈。只有沟通的主、客体双方都充分表达了对某一问题的看法，才真正具备有效沟通的意义。

（三）有效沟通的技巧

从沟通组成看，一般包括三个方面：沟通的内容，即文字；沟通的语调和语速，即声音；沟通中的行为姿态，即肢体语言。这三者的比例为文字占7%，声音占38%，行为姿态占55%。同样的文字，在不同的声音和行为下，表现出的效果是截然不同。所以有效的沟通应该是这三者的恰当的融合。

从心理学角度，沟通中包括意识和潜意识两个层面，而且意识只占1%，潜意识占99%。有效的沟通必然是在潜意识层面的，有感情的，真诚的沟通。

沟通中的"身份确认"，针对不同的沟通对象，如上司、同事、下属、朋友、亲人等，即使是相同的沟通内容，也要采取不同的声音和行为姿态。

沟通中的肯定，即肯定对方的内容，不仅仅说一些敷衍的话，可以通过重复对方沟通中的关键词，甚至能把对方的关键词语经过自己语言的修饰后，回馈给对方。这会让对方觉得他的沟通得到您的认可与肯定。

沟通中的聆听,聆听不是简单地听就可以了,需要把对方沟通的内容、意思把握全面,这才能使自己在回馈给对方的内容上,与对方的真实想法一致。例如,有很多人属于视觉型的人,在沟通中有时会不等对方把话说完,就急于表达自己的想法,结果有可能无法达到深层次的共情。

(四) 有效沟通的方法

在团队里,要进行有效沟通,必须明确沟通的目标。对于团队领导来说,目标管理是进行有效沟通的一种解决办法。在目标管理中,团队领导和团队成员讨论目标、计划、对象、问题和解决方案。由于整个团队都着眼于完成目标,这就使沟通有了一个共同的基础,彼此能够更好地了解对方。即便团队领导不能接受下属成员的建议,他也能理解其观点,下属对上司的要求也会有进一步的了解,沟通的结果自然得以改善。如果绩效评估也采用类似办法的话,同样也能改善沟通。

在团队中身为领导者,善于利用各种机会进行沟通,甚至创造出更多的沟通途径,与成员充分交流并不是一件难事。难的是创造一种让团队成员在需要时可以无话不谈的环境。

对于个体成员来说,要进行有效沟通,可以从以下几个方面着手:

一是,必须知道说什么,就是要明确沟通的目的。如果目的不明确,就意味着自己也不知道说什么,自然也不可能让别人明白,自然也就达不到沟通的目的。

二是,必须知道什么时候说,就是要掌握好沟通的时间。在沟通对象正大汗淋漓地忙于工作时,要求商量下次聚会的事情,显然不合时宜。所以,要想很好地达到沟通效果,必须掌握好沟通的时间,把握好沟通的火候。

三是,必须知道对谁说,就是要明确沟通的对象。虽然说得很好,但选错了对象,自然也达不到沟通的目的。

四是,必须知道怎么说,就是要掌握沟通的方法。知道应该向谁说、说什么,也知道该什么时候说,但如果不知道怎么说,仍然难以达到沟通的效果。沟通是要用对方听得懂的语言——包括文字、语调及肢体语言,透过对这些沟通语言的观察来有效地使用它们进行沟通。

五、有效沟通的障碍因素

内部有效沟通的最大障碍在于管理者高估了自己的管理权而对权力空隙估计不足。管理者的观念和由此而及的思维方式还固守着旧的习惯。如果管理者仍偏重于以物为中心的重事管理思想,那么传统管理模式的某些特性必然体现出来,其核心强调管理者的权力和威严。管理者在权力幻想之下,其沟通必然出现以下特征。

(一) 以自我为中心,认知模式刚性

思维是沟通的基础,任何一个有目的的沟通皆始于自我,因此,自身的思维是影响有效沟通的重要因素。过于迷信自身思维方法的管理者既主观又武断,缺乏客观、公正、公平之心,既不能正视自我也不愿正视他人,更谈不上设身处地站在对方的角度考虑问题。

以自我为中心,过于迷信自身思维方法的管理者,其认知模式往往具有个性化特征,以静态的思维面对时代的发展和社会的进步,久而久之,管理者非但不了解别人,甚至都不了解自己,不了解自身与现实的差距有多大。另外,面对具有较强等级观念的权威性管理者。下属出于自身前途的利弊考虑,发送的信息可能更倾向于附和管理者的愿望以回避风险。管理者接收了此类信息后在一定程度上更强化了其认知模式的刚性。如此沟通只能陷入一种恶性循环。管理者更固守于传统的思维,被管理者更热衷于传递失实的信息,最终结局只能是组织内部人心涣散,更可悲的是管理者甚至还未意识到到底哪个环节出了问题。

(二)静态特征

有效沟通是一种动态的双向行为,而双向的沟通应得到充分地反馈,只有沟通的主体、客体双方都充分表达了对某一问题的看法,才具备有效沟通的意义。在复杂的社会环境下,组织内部多样化程度越来越高,相互之间的依赖也越来越强。各种对目标、职责、利害关系等认识的分歧也越来越大。同时,也只有在增强主客体上下交流的过程中,才能引导人们从不同的角度看问题,消除一些不必要的误解和偏见。如此才能使组织成为一个相互依赖的合作整体,顺利达到组织追求的目标。以自我为中心的权威型管理者发送信息时漠视信息接收者的反应,使沟通仅局限于从上到下的单向沟通。

(三)缺乏真诚

真诚是理解他人的感情桥梁。缺乏诚意的交流难免带有偏见和误解,将导致交流的信息被扭曲。在管理关系比较简单的传统管理模式下,管理者和被管理者彼此缺乏相互的渗透,缺乏情感的互动效应。实际上,沟通中信息发送者的目的是否能达到完全取决于信息接收者,因此管理者只有在转变观念,弱化自己的权力,把对方看成合作伙伴的前提下才能与被管理者进行心理沟通。

(四)渠道闭塞

自由开放的多种沟通渠道是使有效沟通得以顺利进行的重要保证。从管理的角度考虑,沟通是一个长期积累和长期不懈努力的过程,因此,沟通不仅仅是管理中的技巧和方法,更是一种组织制度。会议可能是传递、发送信息的一个最常见的方式。一个具有实质内容的,安排妥当的会议将是同时完成意见沟通和管理目的的有效工具,但如果会议的召开只是为了满足权威型领导展示其权威的欲望,或者是没有实质意义的沟通,只会引起人们的反感,显然违背了有效沟通的本意。

六、实际工作当中应该采取的措施

(一)上级与下级的沟通

上级管理者在布置工作和任务时要清晰,使接收任务的员工都能够明确目的。在必要的情况下,上级管理者还要给接受任务的员工提供必要的手段,确保工作能够高效率地实现既定目标,在此沟通过程中的互动最为重要。需要注意的问题是,上级管理者要区分不同的对象,采用不同的沟通方式,有的员工非常善于领会意图也具有很强的工作能力,对这样的员工,上级管理者不需要进行很详细的工作交代,要拿出多数时间倾听他们的设想,并对他们提出的建议、困难等给予答复,提高他们的主动性和自信心,以提高工作效率;对于领悟能力和实践能力不强的员工,上级管理者不能简单行事,把一件事情简单交代之后置之不理,期待预期结果的出现,这样往往事与愿违。对这样的员工要多传递自己的想法,注重他们的执行能力,而不能过多地期望他们能够提出更多更好的建议。

(二)同级之间的沟通

通常情况下,同级之间针对工作问题进行沟通有一定的困难,由于沟通事件的本身并不是完全对等的,因此沟通的结果势必造成沟通双方产生一定的服从或服务关系,往往是提出问题的人是处于主动位置。在这种情况下,双方要尽量从对方的角度考虑问题,在提出问题的同时,为对方可能导致的困难提出解决意见甚至提供一定的帮助,使工作能够顺利完成。问题提出者要主动放下架子,以商量的口吻与对方沟通,并尽量多听取对方的反馈意见,了解对方的困难,切不可采用强迫的口吻和手段。沟通的目的是更快更好地完成工作而不是探讨责任的归属问题。另外,沟通双方要从组织整体的角度考虑问题,在确保整体利益的前提下,探讨沟通事件的处理方法,切莫把对事情的处理与对人的好恶结合起来。

"沟通就是生产力"。只有每个员工都能自由、平等地表达自己对企业的意见和建议,而且这些意见和建议能够通过适当的渠道和机制得到集中、合理采纳、付诸实施、进行绩效评价,并及时反馈时,员工才能找到企业主人公的感觉,才会感到在企业里自己是受尊重、被重视的,才能有尊严感,才会从内心里把企业当作自己的企业,努力工作,充分发挥自己的聪明才智。沟通是通用文化和管理中非常重要的一部分。

项 目 测 试

姓名_____ 学号_____ 成绩_____

一、单选题

1. 刘邦招纳韩信、萧何、张良等人,最终打败了项羽。刘邦的成功说明了他(　　)的特点。

   A. 知人善任　　　　　　　　　B. 坦诚相待

   C. 不拘一格　　　　　　　　　D. 用人不疑

2. 下列用人方法中,错误的是(　　)。

   A. 知人善任　　　　　　　　　B. 坦诚相待

   C. 不拘一格　　　　　　　　　D. 事必躬亲

3. 批评下属错误的观点是(　　)。

   A. 一定要当众批评

   B. 批评前弄清事实

   C. 对事不对人

   D. 轻微的错误,私下里点到为止

4. 某企业在推行目标管理中,提出了如下目标:"质量上台阶,管理上水平,效益创一流,人人争上游"。该企业所设定的目标存在(　　)的欠缺。

   A. 目标缺乏鼓动性

   B. 目标表述不够清楚

   C. 目标无法考核

   D. 目标设定得太高

5. 管理者激发员工的工作热情,使他们产生满意情绪,要利用(　　)。

   A. 保健因素　　　　　　　　　B. 维持因素

   C. 激励因素　　　　　　　　　D. 薪酬

6. 在领导工作中,沟通联络是指(　　)。

   A. 人与人之间的交流

   B. 人与机器之间的交流

   C. 机器与机器的交流

   D. 主管人员与下属的交流

7. 下列关于授权的表述中,正确的是(　　)。

A. 授权相当于代理职务

B. 授权是部门划分产生的

C. 授权是分权的延伸

D. 授权是上级在一定条件下委授给下属的自主权

8. 授权时应依被授权人的才能和知识水平的高低而定,这就是授权人的( )原则。

A. 因事择人,视能授权

B. 因人设职,视能授权

C. 任人唯贤

D. 因人授权

9. 管理者授权时,必须向被授权人明确所授事项的任务目标及权责范围,亦即授权的( )原则。

A. 明确责任　　　　　　　　　　B. 目标明确

C. 权责对等　　　　　　　　　　D. 量才使用

10. 有效沟通是一种( )的行为,而双向的沟通对信息发送者来说应得到充分的反馈。

A. 静态双向　　　　　　　　　　B. 动态单向

C. 动态双向　　　　　　　　　　D. 静态单向

11. 下列各项中,领导的本质是( )。

A. 权力的运用

B. 被领导者和追随者的服从

C. 领导者的个人魅力

D. 领导者职位的高低

12. 王先生是某公司的一名年轻技术人员,一年前被调到公司企划部任经理。考虑到自己的资历、经验等,他采取了较为宽松的管理方式。试分析,在( )的情况下,王先生的领导风格最有助于产生较好的管理效果。

A. 企划部任务明确,王先生与下属关系好但职位权力弱

B. 企划部任务明确,王先生与下属关系差但职位权力强

C. 企划部任务不明确,王先生与下属关系差且职位权力弱

D. 企划部任务不明确,王先生与下属关系好且职位权力强

13. 不少人分不清管理和领导这两个概念的差别。其实,领导是指( )。

A. 对下属进行授权以实现组织既定目标的过程

B. 对所拥有的资源进行计划、组织、指挥、监控以实现组织目标的过程

C. 通过沟通,影响组织成员,使他们追随其所指引的方向,努力实现组织目标的过程

D. 通过行政性职权的运用,指挥组织成员按既定行动方案实现组织目标的过程

14. 某公司销售部经理批评为"控制的太多,而领导的太少"。据此,你认为该经理在工作中存在的问题可能( )。

A. 对下属销售人员的疾苦没有给予足够的关心
B. 对销售目标任务的完成没有给予充分的关注
C. 事无巨细,过分亲力亲为,没有做好授权工作
D. 没有为下属销售人员制定明确的奋斗目标

15. 领导艺术最重要的特征是( )。
    A. 变通性   B. 随机性
    C. 创造性   D. 模式性

二、多选题

1. 激励的实质是有效地调动人的( )。
   A. 积极性   B. 主动性
   C. 创造性   D. 交互性

2. 激励可以( )。
   A. 提高员工对自身工作的认识
   B. 激发员工的工作热情和兴趣
   C. 解决工作态度和认识倾向问题
   D. 投入自己的全部精力为达到预期目标而努力

3. 激励的原则有( )。
   A. 物质激励与精神激励相结合的原则
   B. 个人利益与社会利益一致性的原则
   C. 目的明确和事先计划原则
   D. 及时适度与因人而异的原则

4. 激励的方式有( )。
   A. 公正与公平激励   B. 目标激励
   C. 荣誉激励   D. 奖罚激励

5. 有效沟通在企业管理中的重要性主要表现在( )。
   A. 准确理解公司决策
   B. 提高工作效率,化解管理矛盾
   C. 从表象问题过渡到实质问题的手段
   D. 激励职工,形成健康、积极的企业文化

6. 有效沟通的要素有( )。
   A. 发送者、接受者   B. 信息、沟通渠道
   C. 障碍、反馈   D. 关系、环境

7. 从沟通组成看,沟通一般包括( )。
   A. 文字   B. 声音
   C. 肢体语言   D. 信息

8. 沟通的方式有（　　）。
   A. 上向沟通　　　　　　　　　　　B. 下向沟通
   C. 横向沟通　　　　　　　　　　　D. 外向沟通

9. 领导者要科学地用人，需要先识人，即发现人所具有的潜在能力。科学用人的艺术主要表现在（　　）等方面。
   A. 知人善任　　　　　　　　　　　B. 量才适用
   C. 用人不疑　　　　　　　　　　　D. 谦虚谨慎

10. 管理者在权力幻想之下，其沟通会出现以下特征（　　）。
    A. 以自我为中心，认知模式刚性　　B. 静态特征
    C. 缺乏真诚　　　　　　　　　　　D. 渠道闭塞

11. 下列各项中，对领导的定义理解正确的有（　　）。
    A. 领导者必须有部下或者追随者
    B. 领导者必须位于一定的职位之上
    C. 领导者拥有影响追随者的能力或力量
    D. 领导的目的是通过影响部下来达到组织的目标

12. 下列关于领导与管理的说法中，错误的有（　　）。
    A. 领导就是管理
    B. 领导包括管理
    C. 领导是管理的一项职能
    D. 所有的领导都是管理

13. 常用的激励方式有（　　）。
    A. 目标激励　　　　　　　　　　　B. 参与激励
    C. 激励奖罚　　　　　　　　　　　D. 荣誉激励

14. 对于个体成员来说，要进行有效沟通，应该（　　）。
    A. 要有明确的沟通目的　　　　　　B. 要掌握好沟通的时间
    C. 要明确沟通的对象　　　　　　　D. 要掌握沟通的方法

15. 按照方向划分，沟通可以分为（　　）。
    A. 横向沟通　　　　　　　　　　　B. 上行沟通
    C. 下行沟通　　　　　　　　　　　D. 平行沟通

三、判断题

1. 领导职能是指导和影响群体或组织成员的思想和行为，使其为实现组织目标而做出努力和贡献的过程或艺术。　　　　　　　　　　　　　　　　　　　　　（　　）
2. 领导授权可以对直接下属授权，也可越级授权。　　　　　　　　　　（　　）
3. 强制员工工作是工作取得突破性进展的重要保证。　　　　　　　　（　　）
4. 激励员工所定的目标越高越好。　　　　　　　　　　　　　　　　（　　）

5. 员工可以参与本部门、本单位重大问题的决策与管理,并对领导者的行为进行监督。
(   )

6. 有效地沟通,是通过听、说、读、写等载体,通过演讲、会见、对话、讨论、信件等方式将思维准确、恰当地表达出来,以促使对方更好地接受。   (   )

7. 有效沟通能否成立关键在于沟通的及时性。   (   )

8. 对同一件事,针对不同的人也要注意采取不同的沟通内容与态度。   (   )

9. 领导可以以自我为中心,与员工施行从上到下的单向沟通。   (   )

10. 沟通随时随地都可进行,不必选择时间地点。   (   )

11. 所有的领导者都处于管理岗位。   (   )

12. 当下属的成熟水平不断提高时,领导者可以减少对活动的控制。   (   )

13. 领导者打算通过增加额外的休息日来提高员工的劳动生产率,其结果总是有效的。
(   )

14. 彼此不打交道的人也可以组成一个团队。   (   )

15. 信息的传递是双方面的,而不是单方面的事情。   (   )

四、简答题

1. 领导者有哪些类型?
2. 激励的意义是什么?
3. 什么是沟通?有效沟通的内涵条件是什么?
4. 举例说明"知人善任"。
5. 举例说明"因事择人,视能授权"。

五、案例分析题

T 电子公司主要从事声光电精密零组件及精密结构件、智能整机、高端装备的研发、制造和销售。目前已在多个领域建立了综合竞争力。公司年销售额为 30 亿美元,拥有 2 600 名员工,并且形成了一套独特的激励员工的方法。T 公司的生产工人按件计酬,他们没有最低小时工资。员工为公司工作两年后,便可以分年终奖金。该公司的奖金制度有一整套计算公式,全面考虑了公司的毛利润及员工的生产率与业绩,可以说是制造业中对工人最有利的奖金制度。在过去的五十多年中,平均奖金额是基本工资的 95.9%,该公司中相当一部分员工的年收入超过 12 万美元。近几年经济发展迅速,员工年平均收入为 46 000 美元,远远超出制造业员工年收入的平均水平。公司长期激励员工的制度是股权激励,激励机制公开透明,奖金及时兑现。一个普通的员工如果能超额达成目标,贡献度越高,奖金越多,上不封顶,及时兑现,甚至超越总裁的奖金。

如果员工生产出一个不合标准的部件,那么除非这个部件修改至符合标准,否则这件产品就不能计入该工人的工资中。如果员工在所处的岗位上工作一段时间后,业绩没有通过公司的考核,该员工将会被调整到一个报酬更低的岗位上。

1. 该公司有哪些激励员工的措施?
2. 该公司的激励指施遵循了哪些原则?
3. 分析该公司的激励方式。

项目五 控 制

知识目标

1. 理解控制的概念和作用
2. 了解控制的形式
3. 理解预算控制的内容和作用
4. 了解生产控制的有关内容

能力目标

1. 掌握控制的类型和控制过程
2. 培养对工作有效控制的能力
3. 掌握控制的重要性

知识导航

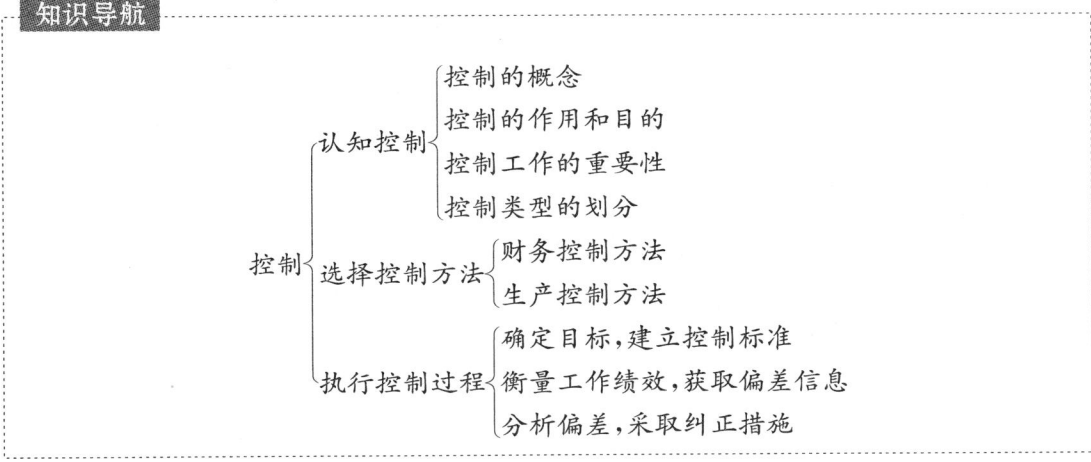

任务1 认知控制

引入案例

2020年6月华宇集团对财务人员开展了工作调研。调研发现,财务人员对供应、生产、销售以及产品检验等环节的流程和业务不熟悉。财务人员对其他岗位工作的不了解,为财务管理和财务分析带来了很大的障碍。在集团层面和下属公司财务人员都没有较好地按职能进行专业化分工,虽然基础核算工作开展很好,但其决策支持工作开展较差。在财务分析工作方面,当前财务分析工作主要集中在传统分析、成本分析,对其他方面分析不够,导致财务人员分析建模能力较差,与生产经营的结合度不好,对风险预警、经营预测指导性不强。

集团各级财务组织的定位模糊,集团财务人员整体聚焦基础核算工作,管理会计职能发挥不足。为此,华宇集团在 2020 年 6 月制定了三年的发展战略目标,实现"产业转型、主业聚焦、做大做强",集团财务提出从"财务监督型"向"价值创造型"转变的目标。

集团财务提出"管办分离、人员分层、流程优化、统一平台,集中规模化处理"构想,建立标准、高效、专业、低成本的财务共享服务中心。该中心以"战略财务、业务财务和共享财务"三位一体的财务运营管理新模式,实现财务业务流程化和标准化,提高财务工作质量和效率,降低财务运营风险和财务运营成本,实现经济效益的最大化。

华宇集团通过财务共享服务中心的设立,加强了对下属公司财务工作的管控力度,实现经营过程管控预警,将目前经营业务游离于系统外的审批从线下转向线上,从而提升了集团对下属企业的风险识别和控制能力。

财务共享服务中心在建设中对流程进行梳理和优化,并通过标准化集中作业获取了规模效益,大幅提升了财务基础业务处理效率和质量,解决了财务人员短缺的问题。

案例思考:
1. 结合案例谈谈控制的作用及目的。
2. 分析华宇集团财务共享战略的提出是事前控制,还是事中、事后控制。
3. 简述事后控制的优缺点。
4. 你还知道哪些控制划分类型。

一、控制的概念

控制是指依据组织目标和既定计划,通过对组织实际工作的衡量与评价,针对出现的偏差,采取有效的措施,保证组织目标实现的过程。控制工作的本质是"纠偏",纠偏是实现控制的主要手段,即按照计划标准衡量计划的完成情况,针对出现的偏差情况采取纠正措施,以确保计划顺利实现。控制与计划密不可分。控制把组织、人员配备、领导指挥职能与计划设定的目标连接在一起,随着新情况出现,随时启动新的计划方案,使组织运行更加适应环境的变化。

二、控制的作用和目的

1. 控制的作用

(1)检验作用。检验作用是指检验各项工作是否按照既定计划进行,同时也检验计划的正确性和合理性。

(2)纠偏作用。纠偏作用是指在计划执行的过程中,对原计划不合理的地方进行修改,并调整管理过程。有效的管理系统应能及时获取偏差信息并采取措施纠正偏差,防止偏差的累积。

2. 控制的目的

（1）纠正偏差。对工作中出现的失误和偏差进行纠正和处理。控制应随时将计划执行结果与标准进行对比，若发现有超出计划允许范围的偏差时，则应及时采取必要的纠正措施，使组织内部系统趋于稳定，从而实现组织的既定目标。

（2）调试。在组织环境发生变化后，做出相应的调整措施，趋利避害，最终实现组织的目标。

三、控制工作的重要性

管理学家斯蒂芬·罗宾斯曾这样描述控制的作用："尽管计划可以制定出来，组织结构可以调整得非常有效，员工的积极性也可以调动起来，但是这仍然不能保证所有的行动都按计划执行，不能保证管理者追求的目标一定能达到。"亨利·西斯克指出："如果计划从来不需要修改，而且是在一个全能的领导人的指导之下，由一个完全均衡的组织完美无缺地来执行的，那就没有控制的必要了。"一般情况下，由于组织环境的不断变化、管理权力的分散和组织成员工作能力的差异，使管理功能的实施不可能完美无缺，组织的计划也并不能得到百分之百地执行。因此，高效的管理需要有效的控制。有效的控制，不仅能保证组织成员的行为与计划在出现偏差时及时得以纠正，而且能够修正、调整和更改计划，从而保证组织目标的实现。

控制工作的重要性可从以下两个方面进行理解。

1. 任何组织、任何活动都需要进行控制

在组织活动中，由于受外部环境和内部条件变化的影响，实际执行结果与预期目标不完全一致的情况时常发生，这就需要通过控制进行纠偏，以保证预期目标的顺利实现。

2. 控制是管理工作中不可缺少的环节

控制工作通过纠正偏差行为与其他职能紧密地结合在一起，使管理过程形成了一个相对封闭的系统。一旦计划付诸实施，控制工作就必须穿插其中。控制通过监视或监测组织各方面的活动和组织环境的变化，保证组织实际运行状况与组织计划要求保持动态一致，是管理过程中不可缺少的职能。

四、控制类型的划分

（一）按控制信息获取的时间划分

根据控制信息获取的时间不同可将控制分为事前控制、事中控制和事后控制。

1. 事前控制

事前控制即前馈控制、预先控制，是一种预防性控制，是指在工作正式开始前对可能产生的偏差进行预测、估计并采取防范措施，将偏差提前消除，是工作开始之前的应对准备过程。如企业制定一系列的规章制度，这些规章制度需要员工去遵守，以这种事前对基本行为的规范来保证工作的顺利进行；企业为了生产出高质量的产品而对进厂原材料进行检验，对员工进行上岗前培训等,这些都属于事前控制。

事前控制在工作开展之前进行,可以减少问题造成的损失,避免了事后控制对已造成的差错无能为力的弊端;准确的事前控制能使管理者把握环境的主动性,还能够树立管理者的威信;事前控制是在工作开始之前针对某项计划行动所依赖的条件进行整体控制,不针对具体人员,因而不易造成冲突,易被员工接受并执行。

但要做到事先熟知容易出现的问题,在某些情况下有一定难度。现实中难以准确把握控制所需的信息,未来总有很大的不确定性。

2. 事中控制

事中控制又称过程控制、同步控制或现场控制,是指在事项发展过程中采取行动进行指导和监督,是作业过程中的同步控制。事中控制是对正在进行的工作过程进行的监督和指导,保证活动按照既定的政策、程序和方法进行。管理者亲临现场进行指导和监督就是一种最常见的事中控制活动。事中控制一般是在工作现场进行,主要由基层管理者承担,其主要职能有两方面:一是技术性指导,二是监督。事中控制的效果主要取决于控制者个人素质、作风、指导方式以及被控制者的理解程度等,其中,控制者的"言传身教"至关重要。

事中控制有指导作用,可以有效地确保工作按预期计划进行、及时纠正错误、提高员工的工作能力和自我控制能力。事中控制有助于工作人员的现场工作水平的发挥,提高员工的工作能力及自我控制能力,提高现场的工作效率,减少浪费。

事中控制容易受到管理者自身时间、精力、业务水平的制约,容易造成员工的心理对立和不满的情绪。

3. 事后控制

事后控制又称反馈控制,是指在实际行动发生以后,再分析、比较实际业绩与控制目标或标准之间的差异,然后采取相应的措施防错纠偏,并给予造成差错者适当惩罚的过程。这是一种补救措施。例如,企业发现不合格产品后追究当事人的责任,制定防范再次出现质量事故的新规章;发现产品销路不畅后做出减产、转产或加强促销的决定;学校对违纪学生进行处罚等都属于事后控制。

事后控制有助于总结经验教训,了解工作失误的原因,为工作的进一步实施创造条件,形成良性循环,提高工作效率。另外,事后控制可以为奖惩提供依据。

事后控制有一个重要的弱点即滞后性,容易贻误时机,增加控制的难度,并且损失已经发生。因此,事后控制要求反馈的速度必须大于控制对象的变化速度,否则,系统将产生震荡,处于不稳定的状态。

总的来讲,事后控制不如事中控制,事中控制不如事前控制。对组织管理而言,最重要的莫过于做出正确的预测。

(二)按采用的手段划分

按采用的手段可以把控制划分为直接控制和间接控制。

1. 直接控制

直接控制是指对执行计划的人采用一定的控制方法和手段,使其能有效地执行计划,从而保证计划完成的控制形式。这是一种对偏差源头的控制,是一种对人的控制,当人的素质越高时,偏差产生的可能性越小。组织中的管理者素质越高,对职务越胜任,越能够及时、准确地觉察出偏离计划的误差,并及时采取措施避免偏差出现或及时纠正偏差。这表明,直接控制的关键在于管理者和组织成员的素质。

2. 间接控制

间接控制是相对于直接控制而言的,间接控制是指根据计划的执行情况,发现计划执行中出现的偏差,分析产生偏差的原因,找出责任人,进而改进下一步工作的控制形式。间接控制针对的主要是事件的偏差。

(三) 按控制源划分

按控制源可把控制分为正式组织控制、群体控制和自我控制。

1. 正式组织控制

正式组织控制是由管理人员设计和建立起来的机构或规定来进行控制,是根据明文规定的政策、程序并通过正式的组织机构进行的控制。控制的主体可以是规划部门、预算部门或审计部门等正式的组织控制部门。正式组织控制部门指管理者能够利用的正式组织机构,其成员需要遵循并执行特定的政策和程序。

2. 群体控制

群体控制是通过非正式组织发展和维持的、基于群体成员们的价值观念和行为准则由员工参与并采取的控制行动。非正式组织的行为规范,虽然没有明文规定,但成员们都十分清楚它的内容,知道如果自己遵循这些规范就会得到奖励,获得其他成员的认可并强化自己在非正式组织中的地位。如果违反这些规范就可能会遭到惩罚,这种惩罚可能是遭到排挤或讽刺,甚至是被驱逐出该组织。

3. 自我控制

自我控制是指个人有意识地按某一行为规范进行的活动。例如,个人不把别人的东西据为己有,是由于他具有诚实、廉洁的品质,是有意识的自我控制,而不是单单是怕被抓住受惩罚而进行的自我控制行为。自我控制能力取决于组织成员的自身素质,具有良好品质、顾全大局的人,自我控制能力也会越强。

(四) 按控制范围分类

按控制范围可分为全面控制和局部控制。

全面控制是指对计划执行的全过程实施全方位的控制过程,如成本和审计控制等。

局部控制是指就计划的某方面或某一过程实施的控制过程,如项目预算控制和库存控制等。

(五) 按控制主体划分

按控制主体可分为内部控制和外部控制。

内部控制是一种自我责任控制,即通过增加责任感,自觉完成各项既定目标和标准,在工作中实行自我管理的过程。

2. 外部控制

外部控制是一种强制性控制，是指通过行政权力系统严格执行各种标准和各种规章制度的过程。

任务2 │ 选择控制方法

在客观条件的限制下，有效的控制方法是指必要的纠偏行为能在偏差产生之后迅速采取行动。在组织控制过程中，由于控制目标、控制要求和控制对象的不同，应选择合适的控制方法和手段。本章以企业组织为例，介绍几种常见的控制方法。

一、财务控制方法

财务控制方法包括预算控制、比率分析和审计控制。

（一）预算控制

1. 预算和预算控制的概念

预算是指用财务数字陈述组织中短期活动计划，以货币为计量单位把计划活动数字化，通过预算为各部门或各项活动规定资金、劳动、材料、能源等方面支出的额度。

预算控制是根据预算规定的收入与支出标准来检查和监督各个部门的生产经营活动，以保证各种活动或各个部门在充分达成既定目标、实现利润的过程中对经营资源的利用，使费用支出受到严格有效的约束。将实际和计划进行比较后确认预算的完成情况，找出差距并进行弥补。预算有许多种，如资本成本预算、现金预算、资产负债预算、原材料预算和产品预算等。

2. 预算的分类

1）静态预算与弹性预算

静态预算又称固定预算，是指以预算期内正常的、可能实现的某一业务量（如生产量、销售量）水平为固定基础，不考虑可能发生的变动因素而编制预算的方法。

弹性预算是指在成本按性质分类的基础上，以业务量、成本和利润之间的相互关系为依据，按照预算期内可能实现的各种业务水平编制的有伸缩性的预算。

2）增量预算与零基预算

增量预算又称调整预算，是指以上一年度的实际发生数为基础，再结合预算期的具体情况加以调整的预算方法。

零基预算是指不受前一年度预算水平的影响，对现有的各项作业进行分析，根据其对组织的需要和用途，决定作业的取舍的预算方法。

3. 预算的内容

不同企业，由于生产活动的特点不同，预算中的项目也会有所不同，但一般来说，预算内容要涉及以下几个方面。

1）收支预算

收支预算是指组织在预算期内以货币单位表示的收入和经营费用支出的计划预算。收入预算主要内容是销售预算,支出预算主要包括直接材料预算、直接人工预算以及附加费的预算。

2)实物量预算

实物量预算是一种以实物单位来表示的预算,是货币量收支预算的重要补充。常用的实物量预算单位包括直接工时数、台时数、原材料数量、面积、重量和体积等。

3)现金预算

现金预算是对企业未来生产与销售活动中现金的流入与流出进行预测,通常由财务部门编制。现金预算并不需要反映企业的资产负债情况,而是要估计计划期可能提供的现金和所需要的现金,以求收支平衡。由于任何组织的运营都需要大量的资金来进行周转,所以必须重视现金预算。

4)投资预算

投资预算是为长期投资服务的,内容包括固定资产投资预算、权益性资本投资预算、无形资产投资预算等。其中,固定资产投资预算指企业固定资产的购置、扩建、改建、更新等,是在可行性研究的基础上编制的预算。投资预算反映了企业在何时进行投资、投资多少、资金从何处取得、何时可获得收益,每年的现金净流量为多少和投资回报率为多少等问题。投资预算涉及金额大、回报时间长,因此,它总是与企业的长期规划一致。

5)总预算

编制预算汇总表可以将各部门的预算集中起来,反映公司销售额、成本、利润、资本的运用、投资利润率及其相互关系。总预算可以向最高管理层反映出各部门为了实现公司目标而采取行动的具体情况,用于公司的全部业绩控制。

4. 预算的作用及其局限性

1)预算的作用

编制预算是为企业的各项活动确立财务标准,用数量形式的预算标准来衡量企业活动的实际效果,测量出实际活动对预期效果的偏离程度,从而为采取纠正措施奠定基础。

2)预算的局限性

预算是组织管理中最基本、最为广泛运用的一种控制方法,有着重要的作用。但是也存在着局限性,主要表现在以下几个方面:

第一,预算只能帮助企业控制那些可以计量的活动,特别是可以用货币单位计量的业务活动,而不能促使企业对不能计量的企业文化、企业形象、企业活力的改善予以足够的重视。

第二,编制预算时通常参照上期的预算项目和标准,从而会忽视本期活动的实际需要。

第三,缺乏弹性,特别是涉及较长时期的预算时,可能会过度束缚决策者的行动,使企业经营缺乏灵活性和适应性。

第四,管理者时刻关注预算、精打细算可能忽视了部门活动的本来目的。

(二)比率分析

比率分析是指将企业资产负债表和利润表上的相关项目进行对比,进而计算出一系列的比率值,从中分析和评价企业的财务状况和经营成果的方法。比率分析需要利用财务报表提供的数据进行计算,一般可以计算四类比率:变现能力比率、资产负债比率、资产管理比率和盈利能力比率。常用的财务比率分析指标如表 5-1 所示。

表 5-1　　　　　　　　　　常用财务比率分析指标

目的	比率	计算公式
变现能力比率	流动比率	流动资产/流动负债
	速动比率	(流动资产-存货)/流动负债
资产负债比率	资产负债率	全部负债/全部资产
资产管理比率	存货周转率	销售收入/平均存货
	总资产周转率	销售收入/平均总资产
盈利能力比率	销售净利润率	税后净利润/销售收入
	投资收益率	税后净利润/总资产

1. 变现能力比率

1) 流动比率

流动比率是企业的流动资产与流动负债的比值。它反映了企业偿还债务需要付现的流动债务的能力。一般来说,企业资产的流动性越大,偿还短期债务的能力就越强;反之,偿还短期债务的能力较弱。

2) 速动比率

速动比率是流动资产减存货的差与流动负债的比值。该比率和流动比率一样,是衡量企业资产偿债能力的一个指标。当企业有大量存货而且这些存货周转率低时,速动比率比流动比率更能精确地反映客观情况。需要指明的是,流动比率和速动比率并不是越大越好,应当与同行业的平均水平及本企业的历史水平进行比较,才能判断该比率的高低。

2. 资产负债比率

资产负债比率是企业总负债与总资产的比值。它反映了企业投资者提供的资金与外部债权人提供资金的比率关系,表明了企业偿还长期债务的能力。

3. 资产管理比率

1) 存货周转率

存货周转率是企业一定时期的销售收入与平均库存的比值。它反映了存货的管理效率,表明了占用在库存上的流动资金的使用情况。存货周转率越高,存货的占用资金的水平就越低,流动性越强,存货转换为现金或应收账款的速度就越快。

2) 总资产周转率

总资产周转率是销售收入与平均总资产的比值。它反映了企业总资产的周转速度,表明了企业总资产的利用程度。总资产周转越高,总资产周转越快,企业的销售能力越强。企业可以通过薄利多销的办法,来加快资产周转速度,增加收入和利润。

4. 盈利能力比率

盈利能力比率是企业利润与销售额或全部资金等相关指标的比率。它们反映了企业在一定时期从事某种经营活动的盈利程度及其变化情况。

1) 销售净利润率

销售净利润率是企业税后净利润与销售收入之间的比值。它反映了企业实现的净利润在销售收入中所占的比重。该指标越大,说明企业获利能力越强,企业经济效益越好。将企业不同产品、不同经营单位在不同时期的销售净利润率进行比较分析可以为经营控制提供更多的参考信息。

2) 投资收益率

投资收益率是指企业的税后净利润与平均总资产的比值。它表明了企业资金的综合效益。该指标越高,说明企业在增收节支方面取得了良好的效果。同销售利润率一样,投资收益率也要同其他经营单位和其他年度的情况进行比较。

(三) 审计控制

审计是对反映组织的资金运动过程、结果的会计记录及财务报表进行审计、鉴定,以判断其真实性和可靠性,从而为控制和决策提供依据的过程。审计是一种常用的控制方法,主要有以下三种。

1. 外部审计

外部审计是由外部机构,如会计师事务所选派的审计人员,对企业财务报表及其反映的财务状况进行独立评估的过程。为了检查财务报表及其反映的资产与负债的账面情况与企业真实情况是否相符,外部审计人员需要抽查企业的基本财务记录,以验证其真实性和准确性,并分析这些财务记录是否符合公认的会计准则和记账程序。

2. 内部审计

内部审计是由组织内部组织人员进行审核,其目的是通过评审财务程序是否符合规定、组织的有关规定是否贯彻执行,找出组织存在的问题,并提出有关改进措施的过程。

内部审计不仅评估企业财务记录是否健全、正确,而且为检查和改进现有控制程序和方法的效能提供了一个重要的手段。根据对现有控制系统有效性的检查,内部审计人员可以提供有关改进公司政策、工作程序和方法的对策建议,使公司的政策符合实际,工作程序更加合理,作业方法被正确掌握,从而更有效地实现组织目标。

3. 管理审计

管理审计是一种对企业所有管理工作及其绩效进行全面系统地评价和鉴定的过程。它的审计对象和范围比内部审计更广泛。管理审计的目标不是评价个别管理人员的工作质量和管理水平,而是从系统的观点出发评价组织的管理水平。管理审计的方法是利用企业记录的信息,将企业的管理绩效及其影响因素指标与同行业企业的平均水平或与该行业著名企业进行比较,以判断企业的经营管理质量,为指导企业在未来改进管理系统、提高管理绩效提供有用的参考。

二、生产控制方法

生产控制是生产系统的重要组成部分。生产控制的目标是以最低的成本及时生产出数量和质量都符合要求的产品。生产控制包括根据计划生产批量、安排产品的生产顺序、进行生产监督、产品生产完成以及协助控制的执行。生产控制主要有以下控制活动。

（一）供应商控制

供应商是指为本企业提供生产所需的原材料或零部件的单位。供应商供货及时与否、质量好坏、价格高低，都对本企业产生重大影响。传统的供应商控制是在十余家，甚至数十家供应商中进行选择，鼓励他们互相竞争，从而选取能够提供低价格、高质量产品的供应商。企业应与供应商建立长远的、稳定的联系，帮助供应商提高原材料的质量、降低成本。企业和供应商形成相互依赖、相互促进的关系，双方都降低了风险，提高了效益，真正做到了双赢。

控制供应商的方法还包括持有供应商一部分或全部股份，变成由本企业系统内部的某个子企业供货。这常常是跨国公司未来保障货源而采取的做法，很多日本大型企业通常采用这种方法来控制供应商。

（二）库存控制

对库存控制的目的是为了减少库存，降低库存占用成本，提高经济效益。采购人员使用经济订购批量模型(Econcmic Order Quantity，简称 EOQ)计算最优订购批量，使订购费用达到最小。这个模型考虑三种成本：一是订购成本，即每次订货所需的费用，包括通讯、文件处理、差旅和行政管理费用等；二是保管成本，即储存原材料或零部件所需的费用，包括库存、利润、保险、折旧等；三是总成本，即订购成本和保管成本之和。经济订货批量如图 5-1 所示。

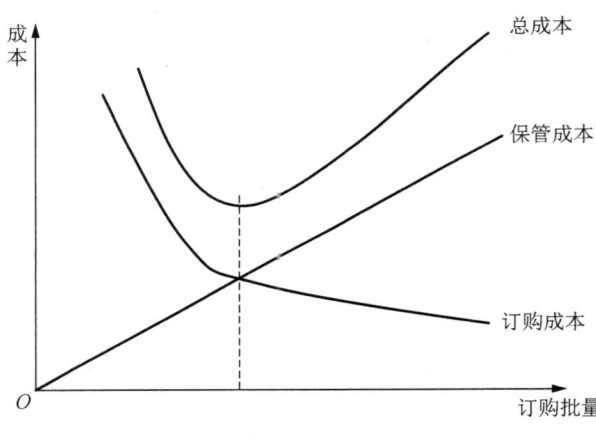

图 5-1　经济订货批量示意图

一般说来，企业除了最优订购批量外，为了预防万一会保留一个额外的储存量，这个储存量被称为安全库存。

（三）质量控制

质量有广义和狭义之分。狭义的质量是指产品的质量，广义的质量除了涵盖产品质量外，还包括工作质量。产品质量主要指产品的使用价值，即满足消费者需要的功能和性质。这些功能和性质可以具体化为下列五个方面：性能、寿命、安全性、可靠性和经济性。工作质量主要指在生产过程中，围绕保障产品质量而进行的质量管理工作的水平。

迄今为止，质量管理和控制已经经历了三个阶段，即质量检验阶段、统计质量管理阶段和全面质量管理(Total Quality Management，简称 TQM)阶段。质量检验阶段开始于 20 世纪 20 至 40 年代，工作重点在产品生产出来之后的质量检查。统计质量管理阶段开始于 20 世纪四五十年代，管理人员主要采用统计方法作为工具，对生产过程加强控制，提高产品的质量。20 世纪 50 年代，全面质量管理开始盛行。该阶段是以保证产品质量和工作质量为中心，企业全体员工参与的质量管理体系。它具有多指标、全过程、多环节和综合性的特征。

如今,全面质量管理已经形成了一整套管理理念并风靡全球。

任务3 | 执行控制过程

引入案例

  2019年12月,湖北省武汉市持续开展流感及相关疾病监测发现多起病毒性肺炎病例,均诊断为新型病毒性肺炎。新型肺炎存在人传人的现象。2020年1月20日,习近平总书记对新型冠状病毒疫情做出重要指示,强调要把人民群众生命安全和身体健康放在第一位,坚决遏制疫情蔓延势头。全国31省区市相继启动重大突发公共卫生事件一级响应。

  自2020年1月23日10时起,武汉市全市城市公交、地铁、轮渡、长途客运暂停运营,无特殊原因,市民不要离开武汉,机场、火车站离汉通道暂时关闭。

  1月27日,教育部下发2020年春季学期延期开学的通知。

  2月5日,中国疫情慢慢出现拐点。2月11日,很多工厂陆续开始复工。

  3月2日,在疫情防控最吃劲的关键阶段,中央企业全力做好自身疫情防控和改革发展工作,引领带动上下游其他企业复工复产、协同发展,为宏观经济的平稳运行注入了新动力。

  3月4日,中共中央政治局常务委员会召开会议,研究新冠肺炎疫情防控和稳定经济社会运行重点工作。习近平总书记主持会议并发表重要讲话。他强调,要抓紧推进经济社会发展各项工作,精准有序扎实推动复工复产,实现人、财、物有序流动,产供销有机衔接,内外贸易有效贯通,把疫情造成的损失降到最低限度。

  4月8日,习近平总书记主持召开中共中央政治局常委会会议,听取新冠肺炎疫情防控工作和全国复工复产情况调研汇报,分析国内外疫情防控和经济运行形势,研究部署落实常态化疫情防控举措、全面推进复工复产工作。习近平总书记强调,要坚持在常态化疫情防控中加快推进生产生活秩序全面恢复,抓紧解决复工复产面临的困难和问题,力争把疫情造成的损失降到最低限度,确保实现决胜全面建成小康社会、决战脱贫攻坚目标任务。

(来源:"学习强国"学习平台)

案例思考:

1. 请结合本案例谈谈针对新型冠状病毒疫情,我国采取了哪些有效的控制措施。
2. 请分析本案例以及面对疫情对经济带来的影响,我国采取了哪些纠偏措施。

  控制是指根据计划的要求、确定控制标准、衡量工作绩效并将工作进度与工作标准进行比较,对出现的偏差采取必要的纠正措施以实现组织目标的过程。

一、确定目标,建立控制标准

  标准是指控制所期望达到的业绩水平,它是控制过程的基础。标准的制定是控制是否有效实施的前提。对照标准,管理人员可以评判绩效和成果,标准是控制的基础,离开标准实施控制只能流于形式,对工作绩效和成果的评判会变得没有意义。

控制标准可分为定量标准和定性标准两类。定量标准是可以量化的标准。定量标准便于度量和比较,是控制标准的主要表现形式。定量标准主要分为实物标准(如合格产品数量、废品数量)、价值标准(如单位产品成本、销售收入、利润)、时间标准(如工时定额、交货期)。除了定量标准外,组织还使用一些定性标准,如产品和服务质量、组织形象等方面的衡量都是定性标准。尽管定性标准具有非定量性质,但实际工作中为了便于掌握工作绩效,有时也采用一些可度量的方法,如餐饮企业为确保其经营宗旨得到贯彻,制订了可度量的工作标准:①顾客进餐馆1分钟内,服务员必须迎上前接待;②凉菜必须在5分钟之内供应给顾客;③服务员必须在就餐人离开后5分钟内把餐桌打扫干净。这是对定性标准予以量化处理的实例。

任何一项具体工作的衡量标准,都应该从有利于组织目标实现的总要求出发。确定控制标准常用的方法有以下几种。

1. 统计计算法

统计计算法是指企业对照历史数据或者对比同类企业的相关指标,运用统计学方法来确定企业经营成果标准的方法。企业使用其历史数据为某项工作的标准,具有简便易行的好处,但据此制定的工作标准可能低于同行业的先进水平,甚至低于平均水平。在这种情况下,即使企业的各项工作都达到了标准的要求,也可能造成企业经营绩效的相对低下,使企业在竞争中处于劣势。为了克服这种局限性,企业在根据历史数据制定未来工作标准时,还需要考虑行业的平均水平。

2. 经验估计法

我们把使用经验估计建立的标准称为经验标准,这种方法也被称为经验估计法。现实中,并不是所有工作的质量和成果都能够用统计数据来表示的,也不是所有的企业活动都有历史统计数据。对于新近从事的工作,或者缺乏统计资料的工作,企业可以根据有经验的管理人员或对该工作熟悉的人员的经验、判断和评估来建立标准。企业利用这种方法建立控制标准时,要注意利用老技术人员、老管理人员的知识和经验,在充分了解情况、收集意见的基础上,科学地综合大家的判断,制定标准。

3. 工程标准法

工程标准法是指通过对工作情况进行客观地分析,并以准确的技术参数和实测的数据为基础制定的方法。例如,机器产出标准是其设计者计算出来的正常情况下被使用的最大产出量;工人操作标准是劳动研究人员在对构成作业的各项动作和要素进行客观描述与分析的基础上,经过消除、改进和合并而确定的标准作业方法;劳动时间定额是利用秒表测定的受过训练的普通工人以正常速度按照标准操作方法对产品或零部件进行某个(些)工序的加工所需的平均必要时间。严格地说,工程标准法是一种用统计方法制定控制标准的方法。

由于控制的对象不同,控制标准的类型很多。企业究竟要以何种方法制定控制标准,这取决于所需衡量的绩效成果及其影响因素的领域和性质。

二、衡量工作绩效，获取偏差信息

控制过程需要衡量工作绩效并与控制标准进行比较，做出客观的评价，获取偏差信息，并进一步采取有效的控制措施。

假如企业经营活动中的偏差都能在产生之前就被发现，那么，管理者就可以预先采取必要的措施，并取得良好的控制效果。并非所有的管理人员都有卓越的见识能预判出问题，也并非所有的偏差可以被及时纠正。管理者应及时掌握能够反映偏差是否产生并能判定其影响程度的可靠信息，用预定的控制标准对实际工作状况进行检查、衡量和比较。

衡量工作绩效的目的是取得控制对象的有关信息，管理者在工作绩效衡量前，应该对需要衡量什么、衡量的频度和衡量的主体等做出合理的安排。

衡量什么是衡量工作中最为重要的方面。管理者应该针对决定实际工作绩效好坏的重要特征进行衡量，但实际中容易出现一种趋向，即侧重于衡量那些比较容易衡量的项目，而忽视那些不易衡量、较不明显但却相当重要的项目。工作绩效衡量应该围绕构成绩效的重要特征来进行，而不能偏向那些容易衡量的项目。

管理者可通过以下几种方法来获得实际工作绩效方面的资料和信息：一是观察。通过实地观察，管理者可亲眼看到工作现场的实际情况，还可以与工作人员现场交谈来了解工作进展及存在的问题，进而获得真实而全面的信息。二是阅读报表和报告。这是通过书面资料了解工作情况的常用方法。这种方法可节省管理者的时间，但所获取资讯是否全面、准确则取决于这些报表和报告的质量。三是抽样调查。管理者从整批调查对象中抽取部分样本进行调查，并把结果看成是整批调查对象的近似代表。四是召开会议。管理者让各部门负责人汇报工作近况及遇到的问题，及时了解各部门工作的情况。

衡量的频度，即衡量工作绩效的次数或频率，通俗地说就是间隔多长时间衡量一次工作绩效，是每时、每日、每周，还是每月、每季度或者每年？是定期的衡量，还是不定期的衡量？对不同的项目，衡量的频度是不一样的。有效的控制要求确定适合的衡量频度。组织对控制对象或要素的衡量频度过高，不仅会增加控制的费用，而且还会激发员工的负面情绪，从而对组织目标的实现产生负面影响；但是衡量和检查的次数过少，则有可能造成许多偏差不能被及时发现和纠正，从而影响组织目标完成。适合的衡量频度取决于被控制活动的性质和要求。例如，对产品质量的控制常常需要以小时、日等较小的时间单位来进行，而对新产品开发活动则可能需要以月或更长的时间单位来衡量。

衡量的主体是指衡量工作的具体执行人员。目标管理之所以被称为是一种"自我控制"方法，就是因为工作的执行者同时是工作的衡量者。上级主管或职能人员执行的衡量工作是一种强加的、非自主的控制。衡量的主体不同，会对控制效果和控制方式产生不同的影响。

三、分析偏差，采取纠正措施

组织在衡量工作绩效后，如果发现有较大偏差，则要分析造成偏差的原因并采取纠正措施；如果没有偏差，则应分析控制标准是否有足够的先进性，将其作为成功的经验以指导其他工作。

在需要采取纠正措施的场合,为保证控制行动的针对性和有效性,需要在制定和实施纠正措施过程中注意下述几方面问题。

1. 找出偏差产生的主要原因

并非所有的偏差都会影响组织的最终成果。有些偏差可能是由于计划本身和执行过程中的问题造成的,而另一些偏差则可能是由于某些偶然、暂时、局部性的因素引起的,不一定会对组织活动的最终结果产生重要影响。在采取纠偏措施以前,必须先对反映偏差的信息进行评估和分析。

评估和分析偏差信息时,首先要判别偏差的严重程度,判断其是否会对组织活动的效率和效果产生影响;其次要找出导致偏差产生的主要原因。

偏差纠正措施的确定要以正确分析偏差原因为依据。同一偏差可能会由各种不同的原因所造成,这就要求工作人员要认真了解偏差的信息并对影响因素进行深入、透彻地分析,透过表面现象找出造成偏差的深层原因。

2. 确定纠正措施实施的对象

在控制过程中,组织需要予以纠正的可能不仅是组织的实际活动,也包括指导这些活动的计划或事先确定的衡量这些活动的标准。例如,企业中有大部分的员工没有完成劳动定额任务,如果不是出现了全体员工的抵制现象,则很可能是定额水平订得太高了。纠正措施的实施对象可能是组织所进行的活动,也可能是衡量的标准,甚至是指导活动的计划。

导致计划目标或标准调整的原因可以归纳为两个方面:一是原先的计划或标准制定得不科学,在执行中发现了问题;二是由于客观环境发生了预料不到的变化,原来被认为正确的计划不再适应新的形势。管理者应该认识到,外界环境发生变化以后,如果不对预先制定的计划和行动标准及时调整,那么,即使内部活动实施得很完美,组织也不可能实现预定的目标。

3. 选择适当的纠正措施

针对偏差产生的主要原因和所确定的纠正对象,管理者在控制工作中可采取的处理措施有三种:第一,对于因工作失误造成的问题,控制的办法主要是"纠偏",即通过加强管理和监督;第二,若计划目标不切合实际,控制工作则应按实际情况修改计划目标;第三,若是组织运行环境出现了重大变化,致使计划失去客观的依据,则应启动备用计划或重新制定新的计划。以上第二种和第三种措施是着眼于对计划的不同程度的调整,以更好地适应环境,因此统称为"调适"。

项 目 测 试

姓名_____ 学号_____ 成绩_____

一、单选题

1. 下列各项中,不属于按控制信息获取的时间划分的是( )。
   A. 事前控制　　　B. 事中控制　　　C. 事后控制　　　D. 直接控制
2. 按采用的手段可以把控制划分为( )和间接控制两种类型。
   A. 事前控制　　　B. 事中控制　　　C. 事后控制　　　D. 直接控制
3. ( )是一种自我责任控制,即通过增加责任感,自觉完成各项既定目标和标准,在工作中实行自我管理。
   A. 内部控制　　　B. 直接控制　　　C. 间接控制　　　D. 预先控制
4. ( )不考虑可能发生的变动因素。
   A. 静态预算　　　B. 增量预算　　　C. 零基预算　　　D. 弹性预算
5. ( )不受前一年度预算水平的影响。
   A. 静态预算　　　B. 增量预算　　　C. 零基预算　　　D. 弹性预算
6. ( )是对企业未来生产与销售活动中现金的流入与流出进行预测,通常由财务部门编制。
   A. 静态预算　　　B. 现金预算　　　C. 零基预算　　　D. 弹性预算
7. ( )是企业的流动资产与流动负债的比值。
   A. 流动比率　　　B. 速动比率　　　C. 资产负债率　　　D. 存货周转率
8. ( )是企业一定时期的销售成本与平均库存的比值。
   A. 流动比率　　　B. 速动比率　　　C. 资产负债率　　　D. 库存周转率
9. ( )是销售收入与平均资产总额的比值,它反映了企业总资产周转速度,表明了企业总资产的利用程度。
   A. 流动比率　　　B. 速动比率　　　C. 总资产周转率　　　D. 存货周转率
10. ( )是企业净利润与销售收入之间的比值。
    A. 销售利润率　　　B. 速动比率　　　C. 总资产周转率　　　D. 存货周转率
11. ( )是由外部机构如会计师事务所选派的审计人员,对企业财务报表及其反映的财务状况进行独立的评估。
    A. 内部审计　　　B. 外部审计　　　C. 管理审计　　　D. 经营审计
12. ( )是有效控制的前提,控制则是确保计划实现的保证。

A. 计划　　　　　B. 审计　　　　　C. 管理　　　　　D. 战略

13. （　　）是基于群体成员的价值观念和行为准则，通过非正式组织发展和维持的，是由员工组成参与并采取的控制行动。

A. 群体控制　　　B. 正式组织控制　　C. 自我控制　　　D. 事前控制

14. （　　）是企业净利润与销售收入之间的比值，它反映企业实现的净利润在销售收入中所占的比重，该指标越大，说明企业获利能力越强，企业经济效益越好。

A. 资产负债率　　B. 存货周转率　　　C. 销售利润率　　D. 投资收益率

15. （　　）反映了企业在一定时期从事经营活动的盈利程度及其变化情况。

A. 盈利能力比率　B. 资产管理比率　　C. 资产负债比率　D. 变现能力比率

16. （　　）是一种以实物单位来表示的预算，是货币量收支预算的重要补充。

A. 现金预算　　　B. 投资预算　　　　C. 收支预算　　　D. 实物量预算

二、多选题

1. 下列各项中，属于按控制信息获取的时间划分的有（　　）。

A. 事前控制　　　B. 事中控制　　　　C. 事后控制　　　D. 直接控制

2. 按照采用的手段划分，控制类型可分为（　　）。

A. 前馈控制　　　B. 直接控制　　　　C. 间接控制　　　D. 预先控制

3. 按照控制来源划分，控制类型可分为（　　）。

A. 现场控制　　　B. 正式组织控制　　C. 群体控制　　　D. 自我控制

4. 控制的基本过程有（　　）。

A. 确定标准　　　B. 改变标准　　　　C. 衡量业绩　　　D. 纠正偏差

5. 控制的作用包括（　　）。

A. 检验作用　　　B. 纠偏作用　　　　C. 保障作用　　　D. 控制作用

6. 控制的目的包括（　　）。

A. 维持现状　　　B. 纠正偏差　　　　C. 调试　　　　　D. 投资预算

7. 控制按范围可分为（　　）。

A. 全面控制　　　B. 局部控制　　　　C. 预算控制　　　D. 审计控制

8. 审计是一种常用的控制方法，主要方法有（　　）。

A. 内部审计　　　B. 外部审计　　　　C. 管理审计　　　D. 经营审计

9. 控制过程的阶段包括（　　）。

A. 确定控制标准　B. 衡量工作绩效　　C. 纠正偏差　　　D. 更改计划

10. 下列各项中，属于变现能力比率的有（　　）。

A. 流动比率　　　B. 速动比率　　　　C. 资产负债率　　D. 存货周转率

11. 下列各项中，属于资产管理比率的有（　　）。

A. 流动比率　　　B. 速动比率　　　　C. 总资产周转率　D. 存货周转率

12. 企业生产控制包括（　　）。

A. 供应商控制　　　B. 生产控制　　　　C. 库存控制　　　　D. 质量控制
13. 经济订货批量与（　　）指标有关。
A. 订货成本　　　　B. 保管成本　　　　C. 总成本　　　　　D. 产品单位成本
14. 预算内容会涉及（　　）方面。
A. 收支预算　　　　B. 实物量预算　　　C. 现金预算　　　　D. 投资预算
15. 确定控制标准常用的方法有（　　）。
A. 统计计算法　　　B. 经验估计法　　　C. 工程标准法　　　D. 算数法
16. 管理者可通过（　　）方法来获得实际工作绩效方面的资料和信息。
A. 观察　　　　　　B. 阅读报表和报告　C. 抽样调查　　　　D. 召开会议

三、判断题

1. 并非所有的偏差都会影响组织的目标。（　　）
2. 控制是组织在动态的复杂多变的环境中，为保证计划目标的有效实现而采取的检查和纠偏的过程。（　　）
3. 计划是有效控制的前提，控制则是确保计划实现的保证。（　　）
4. 控制过程可分为确定控制标准、衡量工作绩效和纠正偏差三个阶段。（　　）
5. 按控制信息获取的时间划分事前控制、事中控制和事后控制。（　　）
6. 按控制源可把控制分为正式组织控制和内部控制。（　　）
7. 控制中的控制或纠正措施包含着"纠偏"和"调试"这两大类别。（　　）
8. 事后控制不如事中控制，事中控制不如事前控制。（　　）
9. 任何组织、任何活动都需要进行控制。（　　）
10. 衡量工作绩效的目的是取得控制对象的有关信息。（　　）
11. 企业职工的自我控制是内部控制。（　　）
12. 控制是管理工作中不可缺少的一个环节。（　　）
13. 内部审计是由外部机构如会计师事务所选派的审计人员，对企业财务报表及其反映的财务状况进行独立评估的过程。（　　）
14. 流动比率和速动比率并不是越大越好。（　　）
15. 所有的偏差都会影响企业的最终成果。（　　）
16. 所有工作的质量和成果都能够用统计数据来表示。（　　）
17. 控制标准可分为定量标准和定性标准。（　　）
18. 抽样方法所依据的假设是随机抽取的样本的质量将反映全部产品的质量。（　　）
19. 企业除了最优订购批量外，为了预防万一应保留一个额外的储存量。（　　）

四、简答题

1. 什么是控制？控制的作用是什么？
2. 预算控制包括哪些种类？

3. 按采用的手段划分控制的分类有哪些,简述其内容?
4. 结合实际论述控制工作的重要性。

五、案例分析题

山东省某商业银行成立于1997年8月,2018年完成股权结构优化后成为地方国有控股商业银行。该行现有员工2 500余人,下辖106个营业网点,拥有潍坊、聊城、滨州、烟台、临沂五家分行。该行的潍坊支行近期频繁接到客户投诉。投诉内容主要涉及信用卡业务。为了提高声誉,潍坊支行对控制程序进行了彻底检查,并针对检查结果制定了相应的质量控制标准,共建立了160条标准,主要涉及办卡申请处理、账单查询及账户服务费收取等项目。

在新的质量控制标准作用下,计划实施效果很好,如处理信用卡申请的时间由30天降到15天,更换信用卡从7天降到2天,回答客户查询时间从15天降到12天。这些改进给潍坊支行带来的潜在利润是巨大的。例如,办理新卡和更换旧卡节省的时间给潍坊支行带来了1 600万元的额外收入。

请问:该银行客户服务质量控制是事前控制、事中控制还是事后控制?并阐述原因。

项目六 创 新

知识目标

1. 理解创新的基本原理
2. 理解管理创新的特性及分类
3. 熟悉技术创新的基本原理
4. 熟悉制度创新的内容

能力目标

1. 培养自己的创新思维
2. 能有效利用自己的创意

知识导航

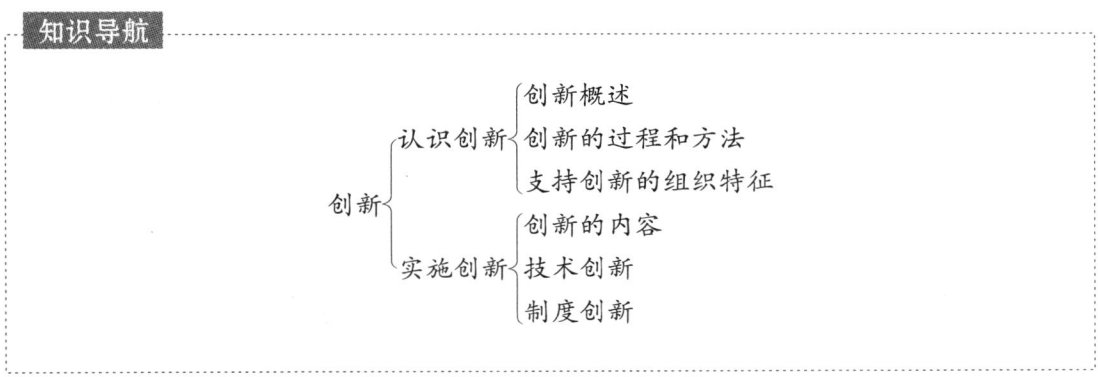

任务1 认识创新

引入案例

青岛海尔股份有限公司(以下简称"海尔")是世界白色家电第一品牌,也是中国最具价值的品牌之一。海尔已发展成为大规模的跨国公司。

海尔文化是一种价值观,这个价值观的核心是创新。它是在海尔三十多年发展历程中产生和逐渐形成的特色文化体系。海尔文化本身也在不断地创新和发展。下面介绍一下海尔文化的发展历程:

第一代:"海尔,中国造"(1984年12月26日—2005年12月25日)。海尔精神是无私奉献、追求卓越;海尔作风是迅速反应、马上行动。

这一代具有鲜明的时代特征,与同时代的企业相比,海尔从一开始就确立了以用户为导向的企业战略和企业文化,强调"用户永远是对的""用户的难题就是我们创新的课题"。海尔在张瑞敏等领导人的带领下,抓住改革开放的大好机遇,差异化地确立名牌战略指导思想,由此开启了持续近二十年的高速增长模式。1997年,海尔在已经成为中国家电第一品牌的基础上开启了国际化征程。为了更有效地凝聚员工士气,挑战更高的目标,公司将海尔精神中的"无私奉献"调整为"敬业报国"。第一代海尔精神最生动、也是流传最广的诠释是"砸冰箱"的故事。"要么不干、要干就要争第一"的追求卓越的海尔精神至今仍激励着每一个海尔人不满足于现状,勇于挑战自我。

第二代:"海尔,世界造"(2005年12月26日—2016年12月25日)。海尔精神是创造资源、美誉全球;海尔作风是人单合一、速决速胜。

2005年12月26日,在海尔创业21周年之际,海尔开启了"全球化品牌战略阶段"。海尔扎根国内用户,整合全球资源,创出当地主流市场认可的本土化品牌,一个个本土化的品牌汇集成全球化的海尔世界品牌。这一历史时期,两个变量深刻地影响着世界经济的格局。一个是中国加入世界贸易组织,另一个是互联网科技的发展和应用把我们带入数字驱动的新经济。全球化和互联网两股力量交织在一起,新的机遇和新的挑战一样巨大而不确定。海尔向全球化品牌战略的转型正是为了抓住这个机遇。海尔作风也全面升级,人单合一、速决速胜,在保留快速敏捷风格的前提下,人单合一开启了管理新纪元。海尔从理论和实践上进行了创新,在质疑声中海尔并购美国工业代表企业——通用电气家电,把海尔模式推向管理界关注的焦点,得到了世界管理学界的认可。

第三代:"海尔,网络造"(2016年12月26日—2019年12月25日)。海尔精神是诚信生态、共享平台;海尔作风是人单合一、小微引爆。

这一历史时期,海尔站在这样的起点上:物联网从提出到现在已发展17年,但迟迟没有在用户体验方面实现引爆,原因在于没有从根本上解决产销分离的现状。海尔探索从电器到网器,从网器到网站的社群经济正是解决用户全流程最佳体验的有效路径。传统电商快速发展的同时更加凸显了诚信的重要性,诚信将成为下一个时代的核心竞争力。人单合一是适应未来的管理模式,在这一理论指导下产生的自创业、自组织、自驱动的小微则是创造用户价值的基本单元。人单合一是用户驱动下的动态的平衡,小微并联成用户体验迭代的生态圈,持续实现用户体验的引爆。

第四代:2019年12月26日至今,海尔精神是诚信生态、共赢进化;海尔作风是人单合一、链群合约。

第四代海尔精神、海尔作风与第三代海尔精神、海尔作风区别在于:共享平台升级为共赢进化,小微引爆升级为链群合约。

共赢进化,就是和用户一起进化,这体现了区块链的一个很重要的特征——去中心化的用户自信任。去中心化之后,用户可以信任你,是因为他和你共赢进化,某种意义上说,用户也是一个创造者。

链群合约，体现了区块链的另一个很重要的特征——去中介化的价值自传递。因为在链群合约里，所有的价值，所有的节点，都是融合在一起的。

纵观整个过程，我们可以说，求变创新，是海尔始终不变的企业语言。

（资料来源：海尔官网 http://www.haier.net/cn/about_haier/culture/）

案例思考：

1. 请你通过海尔公司的创新过程，分析创新的特性。
2. 请你结合创新的分类，分析海尔公司创新的类别。
3. 请你分析海尔公司具备哪些创新组织的特征。
4. 你认为海尔在创新的同时，为祖国做出了什么样的贡献？

一、创新概述

计划、组织、领导与控制可以认为是保证组织目标实现所不可缺少的环节，从某种意义上来说，它们同属于管理的"维持职能"，其任务是保证组织按预定的方向和规则运行。但是，管理是在动态环境中存在的，仅有维持是不够的，还应不断调整组织活动的内容和目标，以适应环境变化的要求，这就是经常被人们忽视的管理的"创新职能"。计划、组织、领导和控制每个职能都需要适时地进行创新。

（一）创新的概念

随着经济的发展，在这个"不创新就死亡"的全民创新的时代，创新毋庸置疑地成为知识经济的核心，成为长期生存、不断成长的动力源泉，到底什么是创新？先来了解一下下面几个词的含义。

1. 创意

创意是创新的起点，如人体记忆移植、人类迁徙到火星居住等。这些创意虽然有趣，但它既不是一个发明又不是一项创新，它可能仅仅是一个概念、一个思想或一系列想法的集合。创意存在于个体的大脑中，可以通过语言或者文字予以交流。

2. 发明

发明是将创意转换为有形产物的过程，如无人机、智能手机的发明。这一过程通常是由科学家或工程师来实现，它通常发生于实验室中，不涉及产品的商业化。

3. 研发

研发即研究开发，是指组织为获得科学技术新知识、创造性地运用科学技术新知识，或实质性的改进新技术、产品和服务而持续进行的系统活动。

4. 创业

创业是创业者对自己拥有的资源或通过努力能够拥有的资源进行优化整合，从而创造出更大经济或社会价值的过程。创业过程通常伴随着创新活动，不过，也有一些创业活动只是现有产品或服务的简单复制，并没有实质性的创新。

5. 创新

美籍经济学家约瑟夫·熊彼特在其《经济发展概论》中提出：创新是指把一种新的生产要素和生产条件的"新结合"引入生产体系的过程。创新不是一个单独的行为，而是由相互关联的子过程组成的完整过程。它不仅是想出一个新的创意、发明一个新的设备或开发一个新的市场，而是对所有这些行为的整合。

对于组织而言，创新是一个宽泛的概念，它可能是一个新的理念或行为的采用，也可能是新的原料或渠道的应用。其表现形式可能是一个新的产品、新的服务、新的技术，或是一种新的管理方法。本书认为，创新是运用知识或相关信息创造和引进某种有用的新事物，转化为有用的结果（产品、服务或工作方法）的过程，也指组织把新的管理要素，如管理方法、管理手段、管理模式等引入管理过程中，以更有效地实现组织目标的活动。

（二）创新的特性

1. 价值性

创新较为关键的一步是产品的商业化。创新都必须有明显、具体的价值，对经济社会具有一定的效益，才能有效地实现商业化。以产品形式呈现出来的创新主要通过产品的功能为使用者提供价值，如汽车、飞机满足人们缩短出行时间的愿望，手机满足人们便捷沟通的愿望。以服务形式呈现出来的创新主要通过为顾客提供某种体验来传递价值，如各种外卖平台，满足了人们足不出户，不用自己动手就能享受各种美食的需求，移动支付平台满足人们快速支付的愿望且摆脱了携带零钱的困扰。上述产品或服务都因能为人们提供一定的价值而成为受人欢迎的创新活动。

2. 时效性

创新具有时效性，是相对的、不断发展变化的，在组织发展的过程中前一个时期的创新，在后一个时期则会被新的、更高水平的创新所取代，如手机拍照功能在刚刚出现时属于创新，现在则是手机的必备功能。

3. 风险性

"失败乃成功之母"，创新也是一样，任何创新都是由无数个不成功的创新发展而来的。创新获得成功并收到预期效果的往往是少数，创新的价值与风险往往是成正比的，创新的价值要大于创新的成本才是成功的创新，创新的风险与收益并存。创新充满风险并不是说它比守旧的风险还要大，创新能带来新的希望，提高创新的成功率，是管理者的重要职责。

（三）创新的分类

组织内部的创新，按照不同的划分标准，可以进行不同的分类。

1. 按照对组织的影响程度划分

按照对组织的影响程度的不同，创新可分为局部创新和整体创新。局部创新是指组织性质和目标不变，组织活动的部分内容、部分要素的性质发生变动，或者其相互组合的方式、组织的社会贡献形式或方式等发生的变动。整体创新则是改变组织的目标和使命，影响组织的目标和运行方式以及系统的社会贡献的变动。

2. 按照与环境的关系划分

按照与环境的关系的不同,创新可分为防御型创新和攻击型创新。防御型创新是指为了避免由于外部环境的变化对组织的存在和运行造成的某种程度的威胁并防止由此造成的组织损失的扩大,在组织内部展开的局部或全局性调整。攻击型创新是指对外部世界运动过程进行观察,敏锐地预测未来环境可能提供的某种有利机会,从而主动地调整组织的战略和技术,以积极地开发和利用这种机会,谋求组织健康发展的活动。

3. 按照发生的时期划分

按发生的时期的不同,创新可分为初建期创新和运行中创新。组织的组建本身是社会的一项创新活动。组织的创建者从零开始,在一张白纸上绘制系统的目标、结构、运行规划蓝图,这本身就需要创新的思想和意识,要创造一个与现有的组织全然不同的新组织,寻找最满意的方案,取得最优秀的要素,并以最合理的方式组合,使组织开展活动。"创业难,守业更难",在复杂且不稳定的环境中"守业",必须积极地以攻为守,并不断地创新。创新活动更大量地存在于组织组建之后。组织的管理者要不断地在组织运行的过程中寻找、发现和利用新的机会,更新组织的活动内容,调整组织的结构以及扩展组织的规模,即运行中创新。

二、创新的过程和方法

(一) 创新的过程

创新遵循一定的步骤和程序,具体可以分为以下三步。

1. 寻找机会

创新要打破原有组织中存在的一些对发展产生不利影响的因素,创新要发现并利用这些因素,寻找改进的机会。

2. 提出创意

管理者敏锐地察觉到寻找机会过程中发现的不利因素,透过现象看本质,分析和预测这些因素未来的变化趋势,预估它们可能给组织带来的风险,提出解决这些因素带来的不利影响的新想法,即提出新的创意。

3. 展开行动

仅仅有了创意是不够的,组织要将创意付诸实践,在不断的尝试中完善这些创意和构想,组织才能有机会得到改进和提高。

创意并不是一开始就是完美的,组织在付诸行动的过程中,难免会遇到挫折、受到打击,创新就是在不断地打击、失败的过程中再不断地提高,最终走向成功的过程。创新的成功与否,在很大程度上取决于是否坚持到最后。

(二) 创新的方法

1. 思维方法

(1) 发散思维。发散思维是指大脑在思考时呈现的一种扩散的状态,是一种比较常见的思维模式,具体表现为在较短的时间内生成并表达出较多的思维观念。这种思维模式需要克服人们头脑中某种固有的、僵化的思维框架,按照一种新的方向、新的方式来思考问题的过程。

(2) 逻辑思维。逻辑思维是大脑的一种理性思维活动,大脑将对于事物认识的信息材料抽象成概念,这些信息资料是在感性认识阶段所获得的,然后运用这些概念进行判断,并按照一定的逻辑关系进行推理,从而产生一些新的认识。逻辑思维主要指遵循传统形式和传统逻辑规则的思维方式。

(3) 形象思维。形象思维是借助具体的形象展开思维的过程,带有明显的直觉性。形象思维的特点是大脑能够完整地感知现实,属于感性认识活动。人们把外界事物的感性形象重新组织安排加工就可以创造出新的形象。

2. 创新的技术方法

(1) 头脑风暴法。头脑风暴法是一种集体的研讨行为,是指参会人员在不受限制的气氛中对会议主题进行讨论,可以打破常规,积极思考,畅所欲言,充分发表个人的看法。头脑风暴法有一条原则是不得批评别人提出的观点或看法,这样就能保证每个人都畅所欲言,提出大量的新观念。项目二已详细论述头脑风暴法,在此不再赘述。

(2) 列举法。列举法是指在解决问题时,把相关问题一一列举出来,然后再逐项核对、回答和讨论,最终获得解决问题的方法。这种方法是从要解决的问题出发,寻找解决问题的办法,从而取得创造性的成果。

三、支持创新的组织特征

对于一个组织而言,创新是保持活力和生命力必备的条件之一,组织要生存和发展离不开创新。然而创新并不是一个自动的过程,它需要组织具有促进和鼓励创新的能力。

(一) 具有承担风险的能力

创新是有风险性的,因此,能够创新的组织必须具备承担风险的能力。组织要结合自己的风险承受能力来决定是否要进行创新,以及进行什么方面的创新。

(二) 重视投入

创新离不开人力和财力的投入。从一个创意的产生到付诸实践,需要大量的人力资源的投入。同时,在不断反复验证、实验过程中也必不可少的会消耗大量的物质资源。支持创新的组织应当重视并舍得在创新方面的投入。

(三) 重视沟通

外部环境的变化和组织内部环境的变化都会给组织带来机遇和挑战,为了更好地适应变化,组织必须要重视沟通。组织要与顾客、供应商、客户建立广泛而稳定的联系,及时将信息传达到组织内部。组织内部各部门之间也要协调和进行良性沟通,以利于信息的交流和共享。

(四) 追求成长

如果一个组织,只希望保持现状、维持现有的规模、保持现有的市场份额,没有发展壮大的强烈愿望,就不会积极进行创新。只有那些希望在竞争中获得更多的资源、不断扩大自己的市场份额、增加利润的组织,才会不断地、自发地开展创新活动。

任务2 实 施 创 新

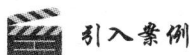引入案例

海信集团有限公司(以下简称"海信公司")始终坚持"诚实正直、务实创新、用户至上、永续经营"的价值观和"技术立企、稳健经营"的发展战略,以优化产业结构为基础、技术创新为动力、资本运营为杠杆,健康持续发展。海信公司于2005年6月成功研发出我国第一块拥有自主知识产权并产业化的数字视频处理芯片——信芯,这是中国音频领域第一款具有自主知识产权并可以正式产业化的芯片,结束了中国年产7300万台彩电全部使用外国芯片的历史。2015年3月,海信公司实现了高品质超高清电视图像处理显示芯片的应用,该芯片应用于大屏幕平板电视的显示与画质处理上,填补了多项数字电视领域的核心技术空白。基于该成果芯片推出了4个系列10个型号的电视,新增销售额16亿元,经济效益显著。

案例思考:
1. 请你分析海信公司所进行的创新活动的类别。
2. 请你分析海信公司所采取的创新方式。

一、创新的内容

(一) 观念创新

观念创新是指形成能够比以前更好地适应组织内外部环境变化,并更有效地利用资源的新概念、新看法或新构想的活动。观念、认识是人们行动的指南,组织的管理者只有根据内外环境的变化和组织自身发展的要求,不断更新自己的观念,转变自己的认识,才能做出正确的管理决策,并付诸组织管理及运作实践,引导组织健康发展。观念创新是其他创新活动的先导或基础。观念创新要求人们实事求是、一切从实际出发,果断地抛弃各种成见,摒弃教条主义的影响,与时俱进,转变对新事物的认识,用体现事物发展客观规律的新思想、新观念去看待组织发展过程中出现的新情况、新问题,并指导组织的发展。

(二) 技术创新

技术创新是组织创新的主要内容,组织中出现的大量创新活动都与技术相关,有人甚至把技术创新等同于组织创新。技术水平是反映组织经营实力的一个重要标志,组织要在激烈的市场竞争中处于主动地位,就需要顺应甚至引导社会技术进步的方向,不断地进行技术创新。本任务第二部分将对技术创新进行详细阐述。

(三）制度创新

制度是指个体和组织都应该遵守的规程或行动准则，是用来规范个体或组织行动的。根据制度安排的主体来源不同，可以把制度分为内部制度和外部制度。企业内部制度是组织自己制定的章程等。企业外部制度是指在组织存在和经营的区域内必须要遵守的各种规程或准则。

制度创新可以为技术创新提供支持，为技术创新提供了需要遵守的行为准则，对创新活动实施了约束，成为保证技术创新秩序和效率的有效手段，当现有的制度不能满足技术创新的需求时，就需要进行制度创新了。本任务第三部分将对制度创新进行详细阐述。

（四）组织创新

组织系统的正常运行，既要有符合组织及其环境特点的运行制度，又要有与之相应的运行载体，即合理的组织形式。因此，组织制度的创新必然要求组织形式的变革和发展。

组织系统是由不同的成员担任的不同职务和岗位的结合体，这个结合体可以从机构和结构这两个不同层次去考察。机构是指企业在构建组织时，根据一定的标准，将那些类似的或与实现同一目标有密切联系的职务或岗位归并到一起，形成不同的管理部门。机构主要涉及管理劳动的横向分工方面的问题，即把对组织生产经营业务的管理活动分成不同部门的任务。

结构与各管理部门之间，特别是与不同层次的管理部门之间的关系有关，主要涉及管理劳动的纵向分工方面的问题，即集权和分权问题。不同的机构设置，要求不同的结构形式。组织机构完全相同，但机构之间的关系不一样，也会形成不同的结构形式。由于机构设置和结构的形成要受到组织活动的内容、特点、规模、环境等因素的影响，不同的组织有不同的组织形式，同一组织在不同的时期，随着经营活动的变化，也要求组织的机构和结构不断调整。组织创新的目的在于更合理地组织管理人员努力提高管理劳动的效率。

（五）环境创新

环境是组织赖以生存的土壤，影响和制约着组织的运行和发展。环境创新不是指组织为适应外界变化而调整内部结构的活动，而是指通过积极的创新活动改造环境，引导环境朝有利于组织运行和发展的方向变化。对企业这一经济生活中最重要的组织而言，环境创新主要是指企业与供应商、销售商、顾客、政府以及其他公众的创新活动。

市场创新是环境创新的主要内容，是指通过组织的活动去引导消费，创造需求。新产品的开发往往被认为是组织创造市场需求的主要途径。市场创新的更多内容是通过组织的营销活动来进行的，即在产品的材料、结构、性能不变的前提下，通过市场的地理位置转移，通过揭示产品新的物理使用价值来寻找新用户，或通过广告宣传等促销工作来赋予产品一定的心理使用价值，影响人们对某种消费行为的社会评价，从而诱发和强化人们的购买动机，增加产品的销售量。

二、技术创新

技术创新是指生产技术的创新,可以是开发新技术,也可以是对原有技术的改进,具体表现可以是生产了一种新产品,也可以是采用了一种新的生产方法或生产工艺,还可以是更换了新的原材料等。技术创新与技术发明不同,技术发明一定是原来没有的技术出现了,技术创新的概念则更宽泛一些,可以是新技术的出现,也可以是对原有技术的改善或者重新组合,发明是一种创新,而创新则不仅仅是发明。

(二) 技术创新的分类

1. 按照创新活动的主要内容分类

按照创新活动的主要内容,技术创新可以分为产品创新和工艺创新。

产品创新是指企业生产的产品和提供的服务方面的创新,结果是形成了某种新的产品或服务,如微信的出现就是一种产品创新。产品创新是技术创新的核心,其他创新都围绕着产品创新进行,只有不断地实现产品创新,企业才能保持持久的竞争优势,充满活力。

工艺创新是指企业运用新的生产工艺或操作方法,提高了企业的生产技术水平、产品质量和生产效率,不会从根本上改变产品的形式与性质,如很多产品生产从手工生产转换为机器生产。

产品创新与工艺创新相辅相成、互相支持,工艺创新促进了新产品的出现,产品创新也促进了工艺的创新。在企业中,这两种创新活动有时候很难完全地区分开来。

2. 按照创新活动与原有技术的分离程度分类

按照创新活动与原有技术的分离程度,技术创新可以分为根本性创新和渐进性创新。

量变达到一定程度就会发生质变,技术创新也符合这个规律。技术的创新是循序渐进的,当技术的改变、演进到与原有技术完全脱离,就发生了根本性创新。发生根本性创新之前的创新过程则被认为是渐进性创新。另外,从创新活动的结果来看,根本性创新带来了一种与市场上原有的产品或服务均不同的新的产品或服务,如滴滴打车相对于出租车而言就是一种根本性创新。渐进性创新是对现有产品或服务的部分改进,如嘀嘀打车安全保障功能的不断完善。根本性创新相对于渐进性创新而言,风险程度也会更高一些。

3. 按照创新活动与企业能力之间的关系分类

按照创新活动与企业能力之间的关系,技术创新可以分为能力提高型创新和能力破坏型创新。

能力提高型创新可以理解为对企业所拥有的知识和能力的不断更新升级,在能力提高型创新中,企业是基于现有知识对原有产品进行不同程度的创新,如智能手机的不断更新换代,每一代新产品的出现都是建立在原有产品基础上的。

能力破坏型创新则是基于全新的知识体系,或者说创新后的产品将使现有的技术或知识体系被完全淘汰,如智能手机逐渐淘汰了原有的功能手机。

(三) 技术创新的过程

产品和服务是技术创新的核心,某种意义上也可以认为是技术创新的结果。我们以新产品的开发过程为例来分析技术创新的过程。新产品的开发过程,可以划分为创意阶段、审核阶段、开发阶段和投放阶段四个阶段。

1. 创意阶段

创意的产生是新产品开发的前提,并不是每一个创意都能被开发成新的产品。企业第一步是对所有的创意进行层层筛选,去除那些可行性低的或者收益较低的项目,将类似项目进行合并。然后通过组建的评审小组等机构对剩余的创意项目进行评审,再把不理想的项目剔除,剩下的项目直接或者通过修改后进入下一步审核阶段。严格来说,这一阶段还没有出现真正意义上的项目,仅仅是对创意的评价和筛选。

2. 审核阶段

审核阶段主要是对创意阶段筛选出来的创意项目进行更加细致详尽的研究,此时的创意项目就要更加细化,详尽到可以作为一个真正的项目来研究。项目需要回答以下问题:项目的合理性及财务可行性;项目需要的资源;新产品的目标客户;新产品的潜在市场;新产品需要的技术支持;可能存在的风险等。评审小组根据项目开发团队提供的资料进行研讨论证,然后决策选出最优方案,进入下一阶段。

3. 开发阶段

开发阶段是指组织将产品从一个概念转化为实体的过程。这是一个需要投入人力、物力、财力的阶段,通过试制到修改方案、再试制再修改方案,如此反复,直到生产出合格产品。合格的产品能否适应人们的需求,开发团队在产品试制过程中,就要同时进行市场评估,对销售目标及盈利能力进行估计,并对市场做进一步地调查研究,为投放市场做好准备。

4. 投放阶段

在创意阶段,开发团队应该对产品的市场前景进行细致地分析,在审核阶段就有了详尽的市场开发的计划。到了开发阶段,在新产品开发试制的同时,市场分析、调查工作应同时开展起来。并且为新产品投放市场做好准备工作。

技术创新的这四个阶段,相辅相成、不可分割,在企业实际经营过程中,四个阶段有时候并没有严格的界限划分,它们是互相渗透的一个过程体系。

(四)技术创新的战略选择

每一个企业都会有一套符合自己特点的技术创新战略。这种战略可以是在无意识中自发形成,也可以是有意制定,不管是怎样的形成方式,都包含以下几个方面的选择。

1. 技术创新基础的选择

技术创新基础的战略选择,主要是解决在何种层次上进行创新的问题,创新的基础主要分为基础研究和应用性研究。

基础研究需要企业组织科研人员长期地、持久地进行艰辛的研究工作,而这种工作的结果,可能是成功的,也可能前功尽弃、一无所获。这就决定了基础研究具有很高的风险性,对人力、财力的消耗也是非常大的。

应用型研究只需企业利用现有的技术和知识去开发一种新的产品或新的工艺,它所需时间短、风险小,资源消耗也小,相对应的,对企业的贡献也相对小一些。

2. 技术创新对象的选择

技术创新的对象是指要对谁进行创新,也就是创新的内容。技术创新按照内容分为产品创新和工艺创新,两种创新的具体内容这里不再赘述。企业具体选择什么作为创新对象,还要结合企业自身的实际情况,要么二选一,要么同时进行。

3. 技术创新水平的选择

技术创新水平是针对行业内的其他企业而言的,是指企业在进行创新时,是选用领先于竞争对手的战略,还是追随竞争对手"后发制人"的战略。

领先于竞争对手的战略,是指率先开发某种新产品或者新工艺,这样做的目的很明确,就是在技术上领先于他人,可以抢占先机,先发制人,获得一定的垄断地位。企业选择先发制人策略的同时,也会比其他企业承担更多、更大的风险。

追随他人的战略,可以充分利用先期行动的企业的经验教训,以及所开发出来的市场,对先期行动的企业的技术进行进一步的改进和完善,来抢占市场,达到后发制人的目的。

具体采用哪种战略有三个影响因素:一是企业本身的技术水平以及风险承受能力;二是企业所面临的内外部环境,三是管理者的风险偏好。企业在选择时,要结合自身的实际情况选择合适的战略。

4. 创新方式的选择

不论企业在创新的基础、对象以及水平方面做出了什么样的选择,创新方式可分为独立开发和联合开发两类。

独立开发是指企业完全利用自己的力量进行的技术创新,这要求企业配备足够的技术人员,有着雄厚的资金支持。一旦创新成功,企业便可以独享创新带来的收益,反之,如果创新失败,企业也要独自承担损失,这种方式收益大,风险也大。

联合开发是指企业与合作伙伴共同进行创新研究。企业的合作伙伴,可以是供应商,可以是客户,也可以是竞争对手。联合起来共同承担创新失败带来的损失,自然也共同分享创新成功带来的收益,这种方式因为有人分享,所以风险较独立开发小,收益自然也小。

三、制度创新

制度是指所有个体或组织都应该遵守的规程或行动准则,用来规范个体或组织的行为。制度可以分为企业内部制度和企业外部制度,下面分别予以介绍。

(一)企业内部制度创新

企业内部制度是组织运行的主要原则。在企业中,制度及其创新主要包括以下三点。

1. 产权制度及其创新

产权制度是决定企业其他制度的根本性制度,规定着企业最重要的生产要素所有者对企业的权利、责任和利益。产权制度创新是指产权的各项权能在不同产权主体之间进行重新组合,旨在通过明晰产权关系、实现产权结构多元化以及明确出资者的责任等,更好地发挥产权的功能,最大限度地提高资源利用效率。产权制度的创新要根据企业的性质、规模、社会地位等因素探寻"个人所有"和"共同所有"的最佳组合方式,在知识经济时代,知识和掌握知识的人才是企业的主导资源。在产权制度创新中,知识、技术、才能也应获得应有的产权,并且在产权结构中的比重将越来越大。

2. 经营制度及其创新

经营制度是指有关经营权的归属及其行使条件、范围、限制等方面的基本规范。一个完善的经营制度体系,应当明确企业的经营方式;确定谁是经营者,生产资料占有权、使用权和处置权的行使,以及由谁确定企业生产方向、生产内容、生产形式,由谁保证企业生产资料的完整性及增值,由谁对企业生产资料所有者负责以及负怎样的责任等。经营制度创新目的在于不断寻找企业生产资料最有效的利用方式。美国制度经济学家加尔布雷斯认为,在知识经济时代,大公司内部发生的最重要的变化就是权力的转移,即公司权力由股东手中转移到了由经理、科学家、工程师、会计师等具有专门知识的"技术结构层"手中。

3. 管理制度及其创新

管理制度是行使企业经营权以及企业日常运作的各种具体规则的总称。管理制度创新是指打破陈旧的、束缚企业发展的管理制度,建立以人为本、激励为主的新管理制度,以最大限度地发挥企业内部的创新能力。

产权制度、经营制度、管理制度三者之间的关系是错综复杂的。产权制度决定经营制度,但在产权制度不变的情况下,企业具体的经营方式可以随条件的变化及时进行调整。同理,在经营制度不变的情况下,企业具体的管理规则和方法也可以不断改进。反过来,企业管理制度的变化会反作用于经营制度,经营制度的变化又会反作用于产权制度。我国企业制度的改革就是循着这样的规律来进行的,企业制度创新的方向就是不断调整和优化企业所有者、经营者和劳动者之间的关系。

综上所述,企业内部制度创新是一种致力于形成能够更好地适应环境变化和生产力发展需要的新规则的活动,是企业根据内外环境的变化及其自身发展的需要,对企业自身的运行方式、原则规定等进行调整和变革。创新使责、权、利得到更充分的体现,员工可以充分发挥他们的聪明才智。

(二)企业外部制度创新

1. 企业外部制度的作用

企业外部制度是在社会交易过程中产生的,是企业之间进行交易的保障机制,可以有效地避免因信息不对称等原因产生的欺诈行为,能够在一定程度上降低企业之间的信息差异,充分保障交易双方的权益并促进交易的顺利进行。

2. 企业外部制度创新的特征

外部制度创新可以为技术创新提供支持,制度为技术创新提供了需要遵守的行为准则。下面具体介绍外部制度创新具备的特征。

1)整体性

企业外部制度创新是将一些创新制度按照一定的模式重新组合起来,形成一个有机的整体,而不是简单的叠加,取得1+1>2的效果。这就意味着,制度创新更多的是要关注整体的效果、关注各模块在整体中所能发挥的作用,从局部到整体。

2)开放性

技术创新的体系能够实现体系内外部资源交换的功能,内外部环境的变化相互影响,内部体系的创新将促进外部体系的完善,外部体系的变化也将引发内部体系制度的变化。由于制度创新是开放的,外部环境能够不断地为制度创新提供新信息,以此保证制度创新的持续进行。

3)结构性

制度创新体系内部的制度要发挥整体性,必须以一种高效的组织形式联系在一起,并通过这些组织结构相互影响。制度创新不是将新制度简单叠加而是有机结合起来,因此,可以通过改变制度体系内的组织结构,从而改变制度的功能,借以实现制度创新。

(三)我国制度创新现状

1. 我国目前的制度环境

近年来,我国大力推进大众创业、万众创新。一系列相关政策措施的陆续出台,为创新提供了有力的制度保障,随着科研经费不断地加大,我国创新能力不断增强,科研成果层出不穷,技术创新得到了有效保障。虽然有一定的成果,我国在创新方面进步的空间还是很大,目前,在以下几个方面还存在着不足:

(1)产权界定和保护力度不够。

(2)市场竞争环境有待进一步改善。

(3)政府政策环境建设有待加强。

(4)风险投资产业需要持续发展。

(5)企业内部治理结构需要进一步改进。

2. 我国推进制度创新的路径

1)加强产权制度建设,为企业创新保驾护航

国家应当完善企业技术创新方面的法律法规体系,并且做到"有法必依、执法必严",不仅要保护好进行创新的企业,还要为企业通过技术创新获取更多利益而服务,从而形成持续创新的局面。

2)增强市场竞争性建设,构建技术创新体系

我国实行的是社会主义市场经济体制,市场在国家的总调控下发挥自我调节的能力。市场必须拥有公平公正的竞争机制,才可以使各参与方有效地获得预期收益。政府要降低市场准入门槛,减少政府的不必要干预,充分发挥市场自身的作用,即保护了企业的技术产权,又避免了企业搞专利垄断,构建整个市场的技术创新支持体系。

3)规范政府干预行为,完善创新相关政策

政府应妥善选择干预的时间和力度,充分发挥其作用,在财税制度、公共资源的使用等

方面出台相关政策,对已有政策进行修改完善,为企业创新提供有力保障。另外还应当增加对高校等科研机构的投入,促进技术创新的全面进步与发展。

4)推进非正式制度建设,构建良好创新文化氛围

除了完善的制度和政策,还应该营造一种良好的、鼓励创新的氛围,鼓励企业在竞争中合作,在合作中竞争,形成企业创新中百舸争流、百花齐放的局面。

项 目 测 试

姓名 _____ 学号 _____ 成绩 _____

一、单选题

1. 下列各项中,不属于创新特性的是( )。
   A. 价值性　　　　B. 盈利性　　　　C. 时效性　　　　D. 风险性
2. 按照对组织的影响程度来分,创新可分为( )。
   A. 局部创新和整体创新　　　　　　B. 防御型创新与攻击型创新
   C. 初建期创新和运行中创新　　　　D. 主动创新和间接创新
3. 从与环境的关系来看,创新可分为( )。
   A. 局部创新和整体创新　　　　　　B. 防御型创新与攻击型创新
   C. 初建期创新和运行中创新　　　　D. 主动创新和间接创新
4. 从发生的时期来看,创新可分为( )。
   A. 局部创新和整体创新　　　　　　B. 防御型创新与攻击型创新
   C. 初建期创新和运行中创新　　　　D. 主动创新和间接创新
5. 有了创意是远远不够的,还需要( )。
   A. 继续寻找新的创意　　　　　　　B. 完善已有的创意
   C. 对创意进行分析　　　　　　　　D. 将创意付诸实践
6. 下列各项中,不属于创新思维方法的是( )。
   A. 发散思维　　　B. 逻辑思维　　　C. 概念思维　　　D. 形象思维
7. 技术创新是( )的创新,可以是开发新技术,也可以是对原有技术的改进。
   A. 生产技术　　　B. 生产模式　　　C. 运行机制　　　D. 技术人员分配
8. 按照创新活动的主要内容,技术创新可以分为( )。
   A. 产品创新和工艺创新　　　　　　B. 根本性创新和渐进性创新
   C. 能力提高型创新和能力破坏型创新　D. 技术创新和管理创新
9. 按照创新活动与原有技术的分离程度,技术创新可以分为( )。
   A. 产品创新和工艺创新　　　　　　B. 根本性创新和渐进性创新
   C. 能力提高型创新和能力破坏型创新　D. 技术创新和管理创新
10. 按照创新活动与企业能力之间的关系,技术创新可以分为( )。
    A. 产品创新和工艺创新　　　　　　B. 根本性创新和渐进性创新
    C. 能力提高型创新和能力破坏型创新　D. 技术创新和管理创新

11. 技术创新的核心是（　　）。
    A. 创意的产生　　　　　　　　　　B. 领导层的要求
    C. 新产品或服务的出现　　　　　　D. 旧的技术或知识体系的淘汰
12. 技术创新基础的战略选择，主要是解决（　　）的问题。
    A. 对谁进行创新　　　　　　　　　B. 创新内容
    C. 创新水平　　　　　　　　　　　D. 在何种层次上进行创新
13. 下列各项中，不属于制度创新特征的是（　　）。
    A. 盈利性　　　B. 结构性　　　C. 开放性　　　D. 整体性
14. 下列各项中，不属于技术创新战略选择影响因素的是（　　）。
    A. 企业本身的技术水平以及风险承受能力　B. 企业的市场占有率
    C. 企业所面临的内外环境　　　　　　　　D. 管理者的风险偏好

二、多选题

1. 创新是指组织把新的管理要素，如（　　）等引入管理中，以更有效的实现组织目标的活动。
    A. 管理方法　　　B. 管理手段　　　C. 管理模式　　　D. 管理制度
2. 下列各项中，属于创新特性的有（　　）。
    A. 价值性　　　B. 盈利性　　　C. 时效性　　　D. 稳定性
3. 创新的过程可以分为（　　）。
    A. 寻找机会　　　B. 提出创意　　　C. 展开行动　　　D. 坚持不懈
4. 下列各项中，属于创新思维方法的有（　　）。
    A. 发散思维　　　B. 逻辑思维　　　C. 概念思维　　　D. 形象思维
5. 下列各项中，属于创新的技术方法的有（　　）。
    A. 头脑风暴法　　　　　　　　　　B. 思维方法
    C. 建立创新机制　　　　　　　　　D. 列举法
6. 支持创新的组织应具备的特征有（　　）。
    A. 具有承担风险的能力　　　　　　B. 致力于研发
    C. 重视沟通　　　　　　　　　　　D. 追求成长
7. 按照创新活动的主要内容，技术创新可以分为（　　）。
    A. 产品创新　　　　　　　　　　　B. 工艺创新
    C. 能力提高型创新　　　　　　　　D. 能力破坏型创新
8. 按照创新活动与原有技术的分离程度，技术创新可以分为（　　）。
    A. 工艺创新　　　　　　　　　　　B. 根本性创新
    C. 渐进性创新　　　　　　　　　　D. 能力破坏型创新
9. 按照创新活动与企业能力之间的关系，技术创新可以分为（　　）。
    A. 产品创新　　　　　　　　　　　B. 根本性创新

C. 能力提高型创新　　　　　　　　D. 能力破坏型创新

10. 新产品的开发过程,可以划分为(　　　)。

A. 创意阶段　　　B. 审核阶段　　　C. 开发阶段　　　D. 投放阶段

11. 技术创新的战略选择包括(　　　)。

A. 创新基础的选择　　　　　　　　B. 创新对象的选择

C. 创新水平的选择　　　　　　　　D. 创新方式的选择

12. 制度创新具备的特征有(　　　)。

A. 结构性　　　B. 盈利性　　　C. 开放性　　　D. 整体性

13. 目前中国的制度创新存在的不足有(　　　)。

A. 产权界定和保护力度不够　　　　B. 市场竞争环境有待进一步改善

C. 政府政策环境建设有待加强　　　D. 风险投资产业需要持续发展

14. 中国推进制度创新的路径有(　　　)。

A. 加强产权制度建设,为企业创新保驾护航

B. 增强市场竞争性建设,构建技术创新体系

C. 规范政府干预行为,完善创新相关政策

D. 推进非正式制度建设,构建良好创新文化氛围

15. 技术创新具体采用哪种战略受(　　　)因素的影响。

A. 企业的市场占有率

B. 企业本身的技术水平以及风险承受能力

C. 企业所面临的内外环境

D. 管理者的风险偏好

三、判断题

1. 创新具有风险性,是相对的、不断发展变化的。　　　　　　　　　　　　(　　　)

2. 创新的价值与风险往往是成正比的,创新的价值要大于创新的成本才是成功的创新。
(　　　)

3. 创新充满风险并且比守旧的风险还要大,所以创新需谨慎。　　　　　　(　　　)

4. 整体创新是指系统性质和目标不变,系统活动的部分内容、部分要素的性质发生变动,或者其相互组合的方式、系统的社会贡献形式或方式等发生变动。　　(　　　)

5. 局部创新是改变系统的目标和使命,影响系统的目标和运行方式以及系统的社会贡献的性质。　　　　　　　　　　　　　　　　　　　　　　　　　　　　　(　　　)

6. 防御型创新是指为了避免由于外部环境的变化对系统的存在和运行造成的某种程度的威胁并防止由此造成的系统损失扩大,在系统内部展开的局部或全局性调整。(　　　)

7. 攻击型创新是指对外部世界运动过程进行观察,敏锐地预测未来环境可能提供的某种有利机会,从而主动地调整系统的战略和技术,以积极地开发和利用这种机会,谋求系统的发展。　　　　　　　　　　　　　　　　　　　　　　　　　　　(　　　)

8. 创新的成功与否,在很大程度上取决于最初的创意是否完善。　　　　（　）

9. 技术创新分为四个阶段,即创意阶段、审核阶段、开发阶段和投放阶段,四个阶段有严格的界限划分。　　　　（　）

10. 我们之所以研究制度创新,是因为制度创新可以为管理创新提供支持。（　）

11. 企业外部制度本质上是在社会交易过程中产生的是企业之间进行交易的保障机制。　　　　（　）

12. 独立开发的创新方式是指企业完全利用自己的力量进行的技术创新,这就要求企业要配备足够的技术人员,有着雄厚的资金支持,一旦创新成功,企业便可以独享创新带来的收益。　　　　（　）

13. 创新水平主要是针对企业自身而言的。　　　　（　）

14. 在企业中产品创新与工艺创新是可以完全区分开的。　　　　（　）

四、简答题

1. 什么是创新?
2. 简要介绍头脑风暴法。
3. 什么是技术创新?

五、案例分析题

北京有一个著名的老字号,叫王麻子剪刀,近年来却是鲜有耳闻,这什么原因呢?

清朝顺治八年(1651年)春,北京菜市口出现了一家经营剪刀的店铺,老板姓王,脸上有麻子,王麻子剪刀因此而得名。由于其"铁夹钢"的高超技术,王麻子剪刀曾经享誉中华大地,长期占据大部分的剪刀市场,树立了中国传统老字号的光辉形象。但是,进入20世纪90年代以后,王麻子剪刀的经营状况每况愈下,并于2001年停产,2002年5月,向法院申请破产。

到底是什么原因,使得王麻子剪刀走到了这般境地?虽然王麻子剪刀硬度高、韧度好,有着诸多优点,但是企业内部却也存在着诸多问题,如设备老化严重、工艺复杂、制作成本高、易锈等,王麻子剪刀也因此逐渐失去了消费者的青睐。

请你根据王麻子剪刀破产的原因,分析创新的重要性。